# As celebrações do
# RICA

Pe. Thiago Faccini Paro

# As celebrações do RICA

## Conhecer para bem celebrar

EDITORA VOZES

Petrópolis

© 2017, Editora Vozes Ltda.
Rua Frei Luís, 100
25689-900 Petrópolis, RJ
www.vozes.com.br
Brasil

9ª reimpressão, 2025.

Todos os direitos reservados. Nenhuma parte desta obra poderá ser reproduzida ou transmitida por qualquer forma e/ou quaisquer meios (eletrônico ou mecânico, incluindo fotocópia e gravação) ou arquivada em qualquer sistema ou banco de dados sem permissão escrita da editora.

**CONSELHO EDITORIAL**

**Diretor**
Volney J. Berkenbrock

**Editores**
Aline dos Santos Carneiro
Edrian Josué Pasini
Marilac Loraine Oleniki
Welder Lancieri Marchini

**Conselheiros**
Elói Dionísio Piva
Francisco Morás
Teobaldo Heidemann
Thiago Alexandre Hayakawa

**Secretário executivo**
Leonardo A.R.T. dos Santos

**PRODUÇÃO EDITORIAL**

Anna Catharina Miranda
Bianca Gribel
Eric Parrot
Jailson Scota
Marcelo Telles
Mirela de Oliveira
Natália França
Priscilla A.F. Alves
Rafael de Oliveira
Samuel Rezende
Verônica M. Guedes
Vitória Firmino

*Revisão*: Ana Carolina Rollemberg
*Diagramação, capa e ilustração de capa*: Sérgio Cabral
*Ilustração p. 18*: Alexandre Maranhão

ISBN 978-85-326-5418-2

Este livro foi composto e impresso pela Editora Vozes. Ltda.

# SUMÁRIO

| | |
|---|---|
| Apresentação | 7 |
| Introdução | 14 |
| Parte I  Estrutura e organização do RICA | 16 |
| Parte II  Ritos do catecumenato em torno de suas etapas | 22 |
|     1  Primeira Etapa | 24 |
|       1.1  Celebração da Entrada no Catecumenato | 25 |
|       1.2  Celebrações ocorridas durante o catecumenato | 30 |
|         1.2.1  Celebração da Palavra de Deus | 30 |
|         1.2.2  Rito de unção dos catecúmenos | 32 |
|         1.2.3  Rito de entrega do Símbolo | 34 |
|         1.2.4  Rito de entrega da Oração do Senhor | 36 |
|     2  Segunda Etapa | 38 |
|       2.1  Celebração da Eleição ou Inscrição do Nome | 39 |
|       2.2  Rito dos Escrutínios | 42 |
|       2.3  Ritos de preparação imediata | 45 |
|     3  Terceira Etapa | 47 |
|       3.1  Celebração dos Sacramentos da Iniciação | 48 |
|         3.1.1  Celebração do Batismo | 49 |
|         3.1.2  Celebração da Confirmação | 66 |
|         3.1.3  Celebração da Eucaristia | 69 |
| Parte III  Tempo da Mistagogia | 82 |
|     Conclusão | 86 |
|     Referências | 87 |

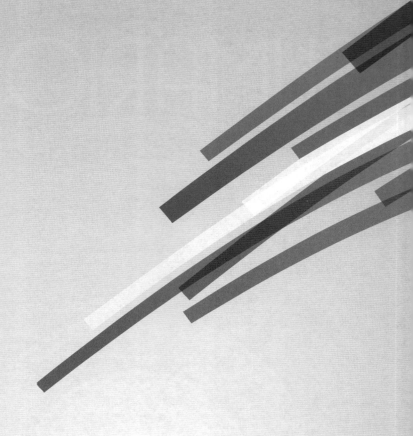

## Siglas

| | |
|---|---|
| CELAM | Conferência Episcopal Latino-Americano |
| CIC | Catecismo da Igreja Católica |
| IGMR | Instrução Geral sobre o Missal Romano |
| MR | Missal Romano |
| PR | Pontifical Romano |
| RB | Ritual de Bênçãos |
| RICA | Ritual de Iniciação Cristã de Adultos |

# Apresentação

*Francisco Taborda SJ*

Entre os mais importantes legados do Concílio Vaticano II está a restauração do catecumenato como metodologia para a iniciação cristã de adultos (cf. SC 64-66). Resultado desta determinação foi o *Ritual de Iniciação Cristã de Adultos* (RICA), que, depois de sua aprovação por Paulo VI, foi publicado em 1972. Em 1973 saiu do prelo a tradução brasileira, depois da devida aprovação pela Congregação romana competente.

A edição típica do RICA, e sua respectiva tradução brasileira, era, no entanto, muito complexa. Com a intenção de oferecer a maior liberdade possível na configuração do rito, havia uma variedade de alternativas, de tal modo que requeria do usuário um estudo acurado do ritual para poder encontrar o que lhe parecia mais adequado para a celebração concreta a ser preparada. Possivelmente esta foi uma das razões por que o ritual tivesse permanecido letra morta. Em vista disso, a CNBB decidiu fazer uma nova edição que apresentasse o rico material de "forma mais didática e simples para facilitar o uso". A novidade estava apenas no aspecto formal. Como escrevia, na apresentação da nova edição, Dom Geraldo Lyrio Rocha, então bispo de Colatina e responsável pela liturgia na CNBB, tratava-se de facilitar o manuseio do ritual sem alterar a edição típica[1].

---

1. Cf. RICA, p. 7.

Desde a aprovação da edição típica em 1972 até a edição brasileira simplificada de 2001 não se pode dizer que o RICA tenha tido uma verdadeira recepção na Igreja do Brasil. Haviam, no entanto, decorrido quase trinta anos desde sua promulgação por Paulo VI. Mais tempo ainda, se considerarmos que um batismo de adultos com catecumenato não constituía novidade. Não só por ser a maneira habitual da celebração da Iniciação Cristã na antiguidade, mas também porque, em 1962, sob o pontificado de João XXIII, já dez anos antes da edição típica pós-Vaticano II, a Sagrada Congregação dos Ritos havia publicado um *Ordo baptismi adultorum per gradus catechumenatus dispositum* (Ritual do batismo de adultos disposto por passos do catecumenato)[2]. Neste *Ordo* o catecumenato estava organizado em sete passos, sendo a celebração do sacramento enumerada como sétimo passo. Ele se inseria nas reformas da liturgia que, a partir dos anos 50 do séc. XX, começavam a se multiplicar (reforma da Vigília Pascal, missas vespertinas, nova lei do jejum eucarístico, reforma da Semana Santa, novo código de rubricas de João XXIII...). Queriam ser apenas emendas parciais dos rituais existentes. Entre as muitas falhas que se podem imputar ao *Ordo*, estava o fato de não considerar a iniciação cristã como um todo que incluísse numa unidade os três sacramentos da iniciação, Batismo, Crisma e Eucaristia. O Batismo ainda se apresentava isolado, numa celebração fora da missa, sem a administração da Crisma e a subsequente participação na Eucaristia. Mas, pelo menos, já havia a percepção de que um adulto não podia ser batizado assim sem mais, como se fosse uma criança de colo. Deste ritual provisório, promulgado às vésperas do Vaticano II, não tenho notícia de qualquer repercussão entre nós. É possível que o início do Concílio, pouco menos de seis meses depois, tenha ofuscado o novo *Ordo*. A própria determinação de uma restauração do catecumenato (cf. *SC* 64-66) tornou-o superado antes mesmo que pudesse ser posto em prática.

Entretanto, infelizmente, tampouco a versão didática do RICA, de 2001, teve acolhida maior na Igreja do Brasil. Parece continuar a prática de batizar o adulto, com uma ou duas palestras de doutrina cristã e a celebração isolada do Batismo. Pior ainda: acontece "obrigar-se" o adulto a ser batizado para poder casar-se na

---

2. Cf. *AAS* 54, 1962, 310-338. O decreto que promulga o novo *Ordo* está datado de 16 de abril de 1962.

Igreja. Pode-se considerar essa prática como mais "pastoral", como uma boa ocasião de agregar pessoas à Igreja. Na realidade, supõe uma falsa compreensão do Batismo como um rito qualquer sem compromisso de mudança de vida. O noivo ou a noiva que pedem ou aceitam o Batismo somente para casar-se na Igreja católica não desejam o Batismo por si mesmo, mas como meio para poder casar. A fé que se professa no Batismo se torna apenas uma formalidade teórica que não precisa ser abraçada com o intelecto e menos ainda articulada numa conversão e mudança de vida. No entanto, seria tão simples, no caso de matrimônios com disparidade de culto[3], pedir a devida dispensa ao bispo e, então sim, numa atitude verdadeiramente pastoral, depois do casamento, acompanhar o cônjuge não cristão em vista de uma conversão ao seguimento de Cristo num longo processo de amadurecimento, como deve ser o catecumenato.

Diante do que acaba de ser dito, pode-se perguntar por que razão esse ritual tão importante e de tanto valor litúrgico e pastoral não mereceu da parte de grande parcela da Igreja do Brasil a atenção devida. Ocorre pensar que isso deriva da origem mesma do catolicismo em nossa pátria. Os evangelizadores do séc. XVI provinham de uma Europa que vivia em regime de cristandade. Por um lado, havia a convicção teológica e espiritual da urgência do Batismo, pois todo ser humano não batizado (criança ou adulto) estava condenado ao inferno, caso não recebesse o banho salutar. Por outro lado, tinha-se por pressuposto que todo nascido devia ser batizado, já que o próprio ambiente cristão haveria de formá-lo no seguimento de Cristo. Assim, esses evangelizadores, ao chegarem à Terra de Santa Cruz e encontrarem a população indígena, aplicaram a ela o mesmo princípio. Urgia batizar a todos, o quanto antes, para livrá-los da condenação eterna. Resultou assim que nossa terra foi batizada, "sacramentada", sem ser evangelizada[4].

Quando mais tarde os navios negreiros fizeram chegar às nossas praias multidões de africanos para serem vendidos como escravos, valeram para eles os mesmos princípios, a ponto de se ver na triste sorte dessas pessoas uma grande graça de Deus, pois na liberdade de suas terras natais não teriam conhecido a Cristo, nem recebido os sacramentos e, consequentemente, perecido eternamente. O célebre orador sacro Pe. Antônio Vieira chega a felicitar várias vezes

---

**3.** Cf. Código de Direito Canônico, cânones 1086 e 1125-1126 (cf. 1129).

**4.** Cf. TABORDA, 2012, p. 20-22.

os escravizados pela graça da escravidão que os fez participantes da redenção merecida por Cristo[5].

Atrás dessa prática e dessa concepção estava uma falsa compreensão do princípio de teologia sacramental, segundo o qual o sacramento age *ex opere operato*. Este princípio que garante a validade do sacramento, independente dos méritos do ministro, foi simplificado no sentido de um automatismo subumano que não exigia mais que a ausência de obstáculo para que a graça realizasse sua obra na pessoa batizada. Mas, como já ensinava a Escolástica: *gratia supponit naturam* (a graça supõe a natureza) e, portanto, a graça batismal pressupõe a livre aceitação por parte do adulto. Não é que se tivesse esquecido que o adulto para ser batizado precisasse ter algum conhecimento da fé cristã e devesse aceitá-la, mas essa aceitação era compreendida de maneira extremamente simplificada: a adesão verbal às proposições de fé mais fundamentais, expostas em linguagem frequentemente ininteligível para as populações indígenas e africanas escravizadas, e assim escassamente compreendidas. A vida cristã subsequente viria pela convivência com os cristãos, que, no entanto, estavam longe de ser exemplares tanto que não é raro na documentação existente que os missionários mesmos vituperem os "cristãos velhos" por não só não serem exemplo de vida cristã, mas até por induzirem os novos cristãos há pouco batizados à volta aos costumes pagãos[6].

Diante disso não é de estranhar a escassa fidelidade ao Batismo. Mas outra era a percepção dos evangelizadores: admiravam-se da falta de perseverança dos neófitos, como se fosse uma falha na índole dos indígenas. Informando o Pe. Diego Laínez, Prepósito Geral da Companhia de Jesus, Anchieta se desculpa por narrar casos de indígenas que morrem tendo recebido o batismo por ocasião da enfermidade e acrescenta: "Detive-me em contar os que morrem, porque fruto verdadeiro se há de julgar o que permanece até o fim. Porque dos vivos não ousarei contar nada, mesmo se o houver, que, por ser tamanha a inconstância em muitos, ninguém pode nem deve prometer deles coisa, que haja de durar"[7].

---

**5.** Cf. VIEIRA, 2015.

**6.** Como se queixa Anchieta em carta quadrimestral a Santo Inácio de Loyola, de 1º de setembro de 1554: cf. ANCHIETA, 1984, p. 65-84 (aqui: p. 77 § 25).

**7.** Carta ao Pe. Diogo Laínez, de 1º de junho de 1560, em: ibid., p. 152-173 (citação: p. 159 § 6). Na mesma carta fala dos rapazes que, educados desde criança pelos jesuítas, uma vez chegada

Com relação aos africanos, não era diversa a atitude. Aí entrava um complicador: era dever do senhor "cristão" fazer instruir seus escravos na doutrina cristã e levá-los ao Batismo. As autoridades eclesiásticas estavam conscientes da importância da instrução. Dom Sebastião Monteiro da Vide, nas *Constituições Primeiras do Arcebispado da Bahia* (1707)[8], logo no início das mesmas, urge como obrigação grave dos senhores a instrução dos escravos na doutrina cristã[9]. E, ao falar do batismo, trata explicitamente do batismo de adultos, com exigências grandes que, no decorrer do texto, vão sendo diminuídas até chegar ao caso dos "escravos brutos e boçais", para os quais basta perguntar – dado o caso através de intérprete: "Queres lavar tua alma com água santa? Queres comer o sal de Deus? Botas fora da tua alma todos os teus pecados? Não hás de fazer mais pecados? Queres ser filho de Deus? Botas fora de tua alma o demônio?"[10] Entende-se o zelo do arcebispo e o cuidado por que ninguém fique sem batismo e seja, por isso, condenado ao inferno. Assim, entre a exigência batismal e a misericórdia, opta pela segunda e descura a primeira. Obviamente não cabe a nós julgar com nossos parâmetros atuais aqueles que nos precederam na ação evangelizadora.

Se as autoridades eclesiásticas tinham consciência da necessidade de criar condições para o Batismo dos escravos, o mesmo não se pode dizer dos senhores. Para estes valeria antes o princípio de não perder tempo (e dinheiro) com essas questões que talvez até aceitassem teoricamente como importantes, mas que não podiam ser muito demoradas para que as "peças de Guiné" pudessem ser enviadas às minas ou às lavouras, em lugares às vezes desprovidos de estrutura pastoral adequada até para aquela época. O resultado temos até hoje no sincretismo tão ocorrente em nosso país: os orixás foram ocultados por trás das imagens de santos que lembravam mais ou menos vagamente a crença de base dos pobres homens e mulheres trazidos à força da África ancestral[11].

---

a adolescência, abraçavam os costumes pagãos de seus ancestrais. Mas Anchieta acrescenta: "...os mesmos cristãos fazem da mesma maneira" (p. 165 § 17).

**8.** Cf. DA VIDE, 1857.

**9.** Ibid., Primeiro livro, Título II, nº 4, p. 3

**10.** Ibid., Título XIV, nº 30, p. 20.

**11.** Cf. MIRA, 1983, p. 187-198.

Com este "pecado original" prosseguiu a evangelização do Brasil: pressupunha-se a força evangelizadora da sociedade suposta cristã e considerava-se que bastava derramar água sobre a cabeça da criança ou do adulto e tínhamos mais um cristão, membro da Igreja, seguidor de Cristo. Quando o Brasil ainda era um país rural, talvez até se pudesse contar com uma transmissão de certa fé católica. Mas os verdadeiros "evangelizadores", os evangelizadores caseiros, só podiam transmitir as vagas noções e práticas religiosas que haviam recebido. A relação fé-vida era desleixada ou se reduzia a determinados tabus, principalmente de ordem sexual, e algumas práticas rituais, especialmente em tempos festivos.

Diante disso é compreensível que a facilitação do Batismo de adultos, sem verdadeira iniciação à vida cristã, prevaleça sobre o RICA, possivelmente considerado por alguns ou por muitos "coisa de gabinete". Por isso é de saudar que a CNBB preveja, para a próxima Assembleia, a elaboração de um documento, cujo título será "Iniciação à vida cristã no processo formativo do discípulo missionário de Jesus Cristo".

É dentro desse contexto que se pode e deve reconhecer a valiosa contribuição do Pe. Thiago Faccini Paro, da diocese de Barretos, cujo escopo é introduzir às riquezas do *Ritual de Iniciação Cristã de Adultos*. Tendo um conhecimento profundo do RICA, elaborou, com colaboradores de sua diocese, um caminho catequético para crianças, inspirado nesse ritual[12]. Aprofundou seu intento na dissertação de mestrado, apresentada na Faculdade de Teologia da PUC/SP, de cuja defesa tive a satisfação de participar. Para colaborar com a intenção da CNBB de impulsionar a iniciação cristã, Pe. Thiago oferece agora ao público essa análise e visão de conjunto do RICA que certamente incentivará a posta em prática do Ritual, fruto maduro de uma longa reflexão já anterior ao Concílio, inspirada nas grandes catequeses mistagógicas de Ambrósio de Milão, Cirilo de Jerusalém, João Crisóstomo, Teodoro de Mopsuéstia, para só citar alguns entre os Padres da Igreja que nos legaram a riqueza de seu trabalho mistagógico.

Baseado em nossa amizade, fruto da colaboração em trabalhos comuns, Pe. Thiago pediu-me que escrevesse esta apresentação. Com ela expresso o reconhecimento pelo excelente trabalho que vem ele fazendo no campo da iniciação à vida cristã, de forma a unir sacramento e vida, vale dizer: sacramento e fé,

---

**12.** Cf. PARO, 2015.

segundo a profunda intuição do Concílio Vaticano II, quando ensina que os sacramentos "não só supõem a fé, mas também a alimentam, fortificam e exprimem por meio de palavras e coisas, razão pela qual se chamam sacramentos da fé" (*SC* 59). E fé significa, evidentemente, a fé viva, "pois o que vale é a fé agindo pelo amor" (Gl 5,6).

Belo Horizonte, 9 de janeiro de 2017<br>
Festa do Batismo do Senhor

# Introdução

O presente livro tem a intenção de auxiliar nossas comunidades a compreenderem a dinâmica simbólico-ritual de cada celebração do Ritual de Iniciação Cristã de Adultos (RICA). Entender o sentido e o significado por trás de cada rito, o que cada celebração quer comunicar e realizar dentro do processo de iniciação à vida cristã fará com que nossas liturgias sejam mais bem preparadas e celebradas.

O RICA nasce de uma decisão do Concílio Ecumênico Vaticano II que determinou a revisão do Rito do Batismo de adultos e decretou a restauração do catecumenato dos adultos vivido em etapas. As decisões e reflexões deste Concílio serviram de orientação e suporte para a elaboração do RICA inserido no contexto da reforma litúrgica. Foi a primeira vez que um Concílio aprofundou a liturgia numa perspectiva estritamente teológica e a resgatou do ritualismo e do rubricismo. O ritual prevê a interação entre **liturgia** e **catequese** tendo em vista uma iniciação que venha ao encontro das realidades e novos desafios, respondendo a questionamentos feitos à atuação da Igreja e exigências de novas posturas.

Cinquenta anos depois do Concílio, tendo em vista as novas realidades e apelo eclesial, urgem cada vez mais estudos aprofundados, que colaborem com a redescoberta da Iniciação Cristã feita em etapas que, de fato, passe não só pela mente, mas pelos sentidos e pelo coração de todos envolvidos no processo de iniciação, sobretudo dos catecúmenos. Compreender a **dimensão simbólico-ritual do RICA** é buscar na prática métodos e meios para uma iniciação marcada pela **experiência mística da fé**, na qual o ser humano, na busca de respostas e sentido para a sua existência se depara com respostas que ultrapassam a dimensão racional, reveladas na experiência celebrativa da fé cristã. Assim, o RICA, com seu itinerário celebrativo, é o primeiro meio, unido à catequese, responsável por transmitir os códigos e chaves necessários para desvelar todo o mistério vivido e celebrado pela Igreja de Cristo.

Com os ritos e símbolos, o homem é tocado por inteiro, pois a experiência simbólico-ritual passa pelos sentidos do corpo e chega à mente e ao coração. Um estudo aprofundado da dinâmica simbólico-ritual do RICA é uma oportunidade de oferecer subsídios às comunidades e ajudá-las a enxergar a riqueza escondida em cada celebração do processo iniciático: a partir de toda ação ritual (visível), bem vivida e participada, de maneira ativa e consciente, se revelará o mistério da fé (invisível).

Portanto, nas páginas a seguir buscaremos mostrar, num primeiro momento, como o RICA está estruturado e organizado; em seguida, explicaremos o sentido de cada celebração, desde o rito de acolhida e entrada no catecumenato até o ápice do processo, com a celebração dos sacramentos da Iniciação; e, por fim, comentaremos brevemente sobre o período destinado a mistagogia, que complementará e encerrará o processo de Iniciação.

Assim, buscaremos entender o sentido teológico e litúrgico de cada celebração contida no RICA, a dinâmica, evolução e sua importância para a Iniciação Cristã, pela qual gradativamente insere e revela aos candidatos, todo o projeto de amor e salvação que o Pai tem para com a humanidade. Compreender o que está por trás de cada celebração ajudará a entender a necessidade de rever nossas práticas catequéticas, além de contribuir para a elaboração de conteúdos e métodos que integrarão liturgia e catequese num verdadeiro processo de iniciação à vida cristã.

# PARTE I

# Estrutura e organização do RICA

O catecumenato com seus ritos, restaurado a pedido do Concílio Ecumênico Vaticano II, é destinado a adultos que ouviram o anúncio querigmático e, conscientes e livres, procuram a Deus, e se propõem a trilhar um caminho de fé e de conversão. O Ritual é dividido em quatro tempos e três etapas.

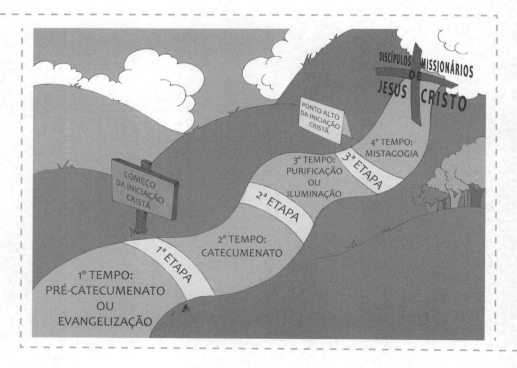

**1º Tempo – pré-catecumenato ou evangelização:**
Tempo de fazer os primeiros contatos, conversão, encontro pessoal com Jesus, aproximação da comunidade
Duração: *Ilimitada*
**Os candidatos são chamados de Simpatizantes**

**1ª Etapa** – Celebração de admissão ao catecumenato.
- *Celebração da Palavra de Deus*
- *Primeiros exorcismos*
- *Bênção dos catecúmenos*
- *Rito de unção dos catecúmenos*
- *Rito de entrega do Símbolo*
- *Rito de entrega da Oração do Senhor*

**2º Tempo – catecumenato:**
Catequese, reflexão e aprofundamento. Vivência, conversão, entrosamento com a Igreja. São realizadas celebrações da Palavra, exorcismos menores, bênçãos, e podem ocorrer as entregas
Duração: *um ou mais anos*
**Os candidatos são chamados de Catecúmenos**

**2ª Etapa** – Celebração de eleição.
- *Rito dos escrutínios*
- *Ritos de preparação imediata*

**3º Tempo – purificação ou iluminação:**
Preparação próxima para os sacramentos, escrutínios, entregas, catequese, práticas quaresmais.
São celebrados três escrutínios e podem ocorrer as entregas
Duração: *Quaresma*
**Os candidatos são chamados de Eleitos, competentes ou iluminados**

**3ª Etapa** – celebração dos sacramentos da Iniciação Cristã (Batismo, Crisma e Eucaristia)

**4º Tempo – mistagogia:**
Aprofundamento maior do mistério cristão, no mistério pascal, na vida nova. Vivência na comunidade cristã.
Duração: *Tempo Pascal*
**São chamados de Neófitos**

Para melhor compreender o percurso percorrido pelos catecúmenos e a dinâmica proposta pelo itinerário iniciático, a seguir tentaremos elucidar o papel de cada um dos quatro tempos e das três etapas propostos pelo RICA.

**1º tempo: pré-catecumenato ou evangelização.** Tem por objetivo a adesão a Jesus Cristo. Nesse período o Evangelho deve ser explicado de maneira adequada de modo que os candidatos se integrem à comunidade, fazendo brotar o desejo de seguirem Cristo e de pedirem o Batismo. Concluído o primeiro tempo, realiza-se a primeira etapa.

**1ª etapa: Rito de admissão ao catecumenato.** É o momento em que a comunidade acolhe o candidato que manifesta sua intenção de ser batizado.

**2º tempo: catecumenato.** Requer uma catequese mais intensa e em etapas, na qual se desenvolvam as dimensões doutrinal, moral e litúrgica. Entre os temas essenciais e próprios desse tempo estão o aprofundamento do Símbolo da Fé, a oração, a moral cristã e os Sacramentos da Igreja. O catecumenato pode prolongar-se por vários anos, a fim de garantir uma sincera conversão dos catecúmenos e o amadurecimento da fé.

**2ª etapa: Rito de eleição,** no qual, após comprovar que a fé e a vivência foram consideradas suficientemente maduras, se admite o catecúmeno para o recebimento dos sacramentos de Iniciação durante as festas pascais.

**3º tempo: purificação ou iluminação.** Tem a intenção de promover uma vida de oração mais intensa, um olhar para a vida interior do catecúmeno; levá-lo a um exame de consciência, a uma conversão mais profunda.

**3ª etapa: celebração dos sacramentos da Iniciação Cristã.** Consiste na celebração dos três sacramentos da Iniciação: Batismo, Confirmação e Eucaristia durante a vigília pascal.

**4º tempo: mistagogia.** Tem por objetivo levar o catecúmeno a buscar um conhecimento mais profundo dos mistérios, a partir dos sacramentos celebrados.

O itinerário catecumenal apresentado pelo RICA desenvolve uma adequada articulação entre a proclamação da Palavra (doutrina), a celebração litúrgica (Ritos) e o compromisso de vida (caridade), envolvendo liturgia e catequese, ambas ligadas aos processos de transmissão e de crescimento da fé, tão próximos um do outro e que de modo algum podem ser considerados como realidades distintas. Assim, os quatro tempos no catecumenato permeados pelas três etapas, chamadas também de passos ou portas, devem ser considerados momentos fortes da iniciação.

# PARTE II

# Ritos do catecumenato em torno de suas etapas:

O sentido teológico e litúrgico
das celebrações

O RICA é um livro litúrgico que apresenta uma breve explanação dos tempos e etapas do catecumenato como introdução aos roteiros celebrativos dos Ritos que marcam o término de um tempo e o começo de outro. Assim, analisaremos apenas os Ritos de cada etapa (as celebrações), sua dinâmica e sentidos teológico e simbólico.

## 1 PRIMEIRA ETAPA

Após o período de evangelização ou pré-catecumenato quando os *simpatizantes* puderam amadurecer mais o desejo de seguir o Cristo e pedir o Batismo[13], realiza-se o Rito de **instituição dos catecúmenos,** momento celebrativo de extrema importância, pois os candidatos, pela primeira vez, "manifestam suas intenções à Igreja, enquanto esta, no exercício de seu múnus apostólico, acolhe os que pretendem tornar-se seus membros"[14]. Com isto, todos os membros da Igreja pertencentes àquela comunidade podem conhecer os que publicamente expressaram seu desejo de pertencer ao seu Corpo, e assim os podem acolher e, desde já, tornarem-se corresponsáveis por sua formação, sustentando-os com suas orações e testemunho. Com a admissão e

> Entende-se por **simpatizantes** os não cristãos que manifestam a reta intenção de se aproximar e conhecer mais de perto a fé cristã. Outros nomes podem ser empregados conforme a cultura local.

---

**13.** Cf. RICA, n. 10.
**14.** RICA, n. 14.

acolhida no catecumenato, imploram-se as bênçãos de Deus e sua graça sobre cada novo catecúmeno. Vejamos, portanto, cada parte e significado deste Rito.

## 1.1 Celebração da Entrada no Catecumenato

A primeira celebração proposta pelo RICA é a Entrada no Catecumenato, que é dividida em dois momentos: o primeiro, uma recepção dos candidatos na porta da igreja; e o segundo, no interior da igreja, quando se realiza a celebração da Palavra de Deus.

O primeiro momento do Rito apresenta a seguinte estrutura:

- Reunião fora da igreja
- Canto
- Saudação e exortação
- Diálogo sobre a intenção do candidato
- Primeira adesão e pedido de ajuda
- Oração de agradecimento pelo chamamento
- Assinalação na fronte e nos sentidos
- Aclamação da assembleia
- Oração conclusiva
- Ingresso na igreja[15]

A celebração da instituição dos catecúmenos propõe propositadamente a acolhida dos candidatos com seus introdutores do lado de fora da igreja ou no seu átrio ou entrada. Esta acolhida quer significar que o candidato ainda não pertence à comunidade, e que se inicia, agora, um processo de apresentação e conhecimento, como numa relação de amizade, fortalecida e amadu-

---

15. RICA, p. 36.

recida com o tempo. O *introdutor* é o elo, o vínculo entre o candidato e a família cristã. A comunidade reunida, entoando cânticos, revela a alegria de uma comunidade aberta que acolhe e testemunha o Evangelho: vede como eles se amam (cf. Jo 13,15).

Essa alegria fica visível com a saudação do presidente, que, ao som de cânticos, acolhe cordialmente os candidatos e os convida a se aproximarem. Inicia-se então um diálogo, como uma verdadeira apresentação no início de um relacionamento. Igreja e candidatos começam a se conhecer mais de perto. "Qual teu nome?"; "Que pedes à Igreja de Deus?"; "E esta fé, que te dará?; "...Se vocês querem ser discípulos seus [de Jesus] e membros da Igreja, é preciso que vocês sejam instruídos em toda a verdade revelada por Ele; que aprendam a ter os mesmo sentimentos de Jesus Cristo e procurem viver segundo os preceitos do Evangelho; [...] Cada um de vocês está de acordo com tudo isso?"[16]

> Entende-se por **introdutores** homens ou mulheres já membros da comunidade que conhecem o candidato ao catecumenato. Eles o acompanham, ajudando e dando testemunho de seus costumes, fé e desejos. Um **introdutor** não necessariamente exerce a função de padrinho nos tempos de purificação e iluminação e da mistagogia; nesse caso será substituído por outro que cumpra a função de padrinho.

As perguntas revelam a necessidade de trilhar um caminho, ter dedicação e disposição, estar aberto a se conhecer e se avaliar, buscando a mudança de vida e a conversão, assumindo Cristo em seu ser e agir. Após o sincero desejo e resposta dos candidatos, são interrogados seus introdutores e toda comunidade de fiéis: "...estão dispostos a ajudá-los a encontrar e seguir o Cristo?"[17]. A comunidade assume, também publicamente, esse compromisso de rezar, dar testemunho e mostrar aos catecúmenos o caminho até o Ressuscitado. Em seguida, é feita uma

---

**16.** RICA, n. 75-76.
**17.** RICA, n. 83-85.

oração de agradecimento, em reconhecimento à iniciativa constante de Deus, que, na sua infinita misericórdia, não se cansa de chamar e atrair os homens para si.

Após essa primeira adesão, são assinalados as frontes e os sentidos dos candidatos: "N., recebe na fronte o sinal da cruz [...] recebe nos ouvidos [...] nos olhos [...] na boca [...] no peito [...] nos ombros..."[18], sobre todo o corpo. Esse sinal é a forma cristã da bênção dada a si mesmo e a outros. "A cruz refere-se à morte de Jesus e também à sua ressurreição. É o sinal do cristão. É o sinal de nossa salvação, sinal do amor de Jesus que nos amou até o fim. Sinal de santificação, de pertença, de compromisso..."[19]. A partir de agora, os candidatos são propriedade do Senhor e ao mesmo tempo são colocados sob a proteção da cruz – o melhor símbolo do estilo de vida que Cristo ensinou e que agora os candidatos estão assumindo. O sinal quer indicar a eles o caminho pascal, de morte e ressurreição, que Cristo percorreu e que agora são convidados a percorrer: "Se alguém quer vir após mim, negue-se a si mesmo, tome sua cruz e siga-me" (Mt 16,24). É o sinal que lhes dará identidade!

Traçado o sinal da cruz sobre os sentidos, pede-se para que ouçam a voz do Senhor, vejam a sua glória, respondam à sua palavra, e que Cristo habite em seus corações, para que, fortalecidos por Ele, possam carregar o seu julgo suave. Por fim, são marcados por inteiro com o sinal da cruz, para que tenham a vida eterna, a redenção. Para recordar a assinalação, podem receber um crucifixo ou um cordão com a cruz para pôr no pescoço[20]. Com um convite para ingressar na igreja, atinge-se o ápice deste primeiro momento do Rito. "N., entrem na igreja, para participar conosco na mesa da Palavra de Deus"[21]. O convite é nominal, pois não se trata mais um desconhecido, um simpatizante,

---

**18.** RICA, n. 77.
**19.** BUYST, 1998, p. 28.
**20.** Cf. RICA, n. 83-89.
**21.** RICA, n. 90.

é um Catecúmeno. Começa-se a criar laços... Agora ao redor da mesa saborearão a Palavra que dá vida, sacia toda sede e devolve a alegria ao coração humano.

O segundo momento do Rito consta da Liturgia da Palavra:

- Exortação sobre a dignidade da Palavra de Deus
- Entrada e incensação do livro da Palavra de Deus
- Leituras bíblicas e homilia
- Entrega dos Evangelhos
- Preces pelos catecúmenos e oração conclusiva
- Celebração da eucaristia ou canto e despedida dos fiéis e dos catecúmenos[22]

Estando os catecúmenos em seus lugares, quem preside fala-lhes da dignidade da Palavra de Deus. Não é um livro qualquer... Em seguida, o Livro é trazido em procissão, colocado no ambão, lugar digno, de onde se proclamam os textos bíblicos. Poderá ainda ser incensado. Os gestos, a postura e o lugar querem mostrar a dignidade e o respeito. O zelo com a Palavra indica que não é um mero estudo de um livro, mas acolhida da Palavra de Deus que nos fala por este Livro Santo da nossa fé. "E o Verbo se fez carne, e habitou entre nós" (Jo 1,14). Proclamadas as leituras, o presidente segue com a homilia e, ao seu término, entrega a cada catecúmeno, com dignidade e reverência, uma Bíblia, dizendo: "Recebe o livro da Palavra de Deus. Que ela seja luz para tua vida"[23]. Cada catecúmeno recebe o Livro da Palavra, que, a partir de então, norteará seus passos, revelará os ensinamentos e mandamentos do Senhor, será, de fato, luz para suas vidas. É um livro pessoal, cada um deverá ter o seu,

---

**22.** RICA, p. 41.
**23.** RICA, n. 93.

para, assim, com o contato e o convívio diário com a Palavra, possa criar intimidade com o Cristo.

A assembleia, colocando em prática a corresponsabilidade da iniciação cristã, eleva preces pelos catecúmenos, enquanto eles se ajoelham diante de quem preside a celebração, em sinal de pequenez e humildade. O presidente reza com as mãos estendidas sobre os catecúmenos, confiando-os ao Senhor. A oração de bênção, acompanhada das mãos estendidas de quem preside, expressa o amor de Deus e o empenho da Igreja para com os catecúmenos para lhes dar coragem, alegria e paz em sua caminhada.

As mãos são como um prolongamento do mais íntimo do ser humano. Representam uma admirável fusão do corpo e do espírito. O gesto da mão não apenas salienta ou indica uma disposição interior, não apenas é "instrumento" para que outros conheçam minha intenção ou meu sentimento. O gesto – a própria mão – "realiza" de alguma forma esse sentimento e essa vontade íntima. É algo integrante de minha expressividade total[24].

Terminada a oração, quem preside demonstra a alegria da Igreja por tê-los como catecúmenos e os exorta a viver de acordo com o que ouviram. Em seguida, despede-os. Os introdutores, catequistas e outros membros da comunidade se reúnem com os catecúmenos para partilhar a experiência da celebração da entrada no catecumenato e se confraternizam, dando, assim, maior sentido a todo o Rito[25]. Inicia-se, portanto, o segundo tempo: o catecumenato.

---

**24.** ALDAZÁBAL, 2005, pp. 103-104.

**25.** RICA, n. 96.

## **1.2** Celebrações ocorridas durante o catecumenato

Durante todo o tempo do Catecumenato, várias celebrações rituais são propostas pelo RICA. Este tempo é marcado pela catequese e pela dimensão celebrativa mais intensa nos encontros, que incluem a celebração da Palavra, exorcismos menores, bênçãos e, caso seja realizado neste tempo, o Rito da unção, do *Éfeta* e as entregas do Símbolo e da Oração do Senhor. Desta forma, a liturgia e a catequese são duas formas privilegiadas de edificação da comunidade cristã. Vejamos, então, o sentido teológico-litúrgico de cada uma destas celebrações.

### **1.2.1** Celebração da Palavra de Deus

As celebrações da Palavra de Deus têm um roteiro simples que pode ser composto por canto, leituras e salmos responsoriais, homilia e ritos conclusivos, com finalidade de: propiciar aos catecúmenos a compreensão do ensinamento recebido quanto aos mistérios de Cristo e da maneira de viver que daí decorrem, para que os conservem em seus corações; oportunizar a experiência das formas e as vias da oração que lhes são possíveis realizar; e, também, introduzi-los aos poucos na liturgia celebrada pela comunidade[26]. Procura-se, ainda, estabelecer a valorização do domingo, dia do Senhor, realizando-se as celebrações da Palavra preferentemente neste dia, bem como, aos poucos, motivar os catecúmenos a participar da primeira parte da missa dominical[27].

É importante frisar que é indispensável que as celebrações da Palavra estejam em estreita sintonia com o calendário litúrgico, e, mais ainda, que cada tempo litúrgico, com seu conteúdo e sua espiritualidade, seja refletido e vivido pela catequese, pois o ano litúrgico torna presente o mistério de Cristo, oferece maior possibilidade de viver o processo catequético na comunidade de fé e fortalece, desta forma, a união entre catequese e liturgia.

---

**26.** Cf. RICA, n. 106.
**27.** Cf. RICA, n. 107.

Assim, a comunidade introduzirá, gradativamente, os catecúmenos nas celebrações, festas, símbolos e ritos da fé cristã.

Dentre os Ritos conclusivos da celebração da Palavra de Deus, pode ser feito um exorcismo menor, seguido por uma bênção. Os exorcismos (primeiros ou menores) podem repetir-se em diversas circunstâncias e "manifestam aos catecúmenos as verdadeiras condições da vida espiritual, a luta entre a carne e o espírito, a importância da renúncia para alcançar as bem-aventuranças do reino de Deus e a necessidade contínua do auxílio divino"[28]. Ambrósio de Milão, ao se dirigir aos eleitos em um de seus sermões, diz: "Pelo exorcismo, procurou-se e aplicou-se uma santificação não só do corpo, mas também da alma"[29].

Com os exorcismos, a Igreja pede que os livre de todo mal que ameaça o homem. As bênçãos também podem ser dadas em várias ocasiões aos catecúmenos. O RICA apresenta 11 fórmulas de exorcismos e 9 de bênçãos[30], que podem ser usadas em diversas ocasiões, inclusive pelos catequistas leigos, sobretudo no encerramento do encontro da catequese. Os catequistas, clérigos ou leigos, estendendo as mãos em direção aos catecúmenos, proferem a oração, que expressa o zelo e amor da Igreja, para que aqueles que não possuem a graça do sacramento encontrem nela apoio para se manterem na caminhada.

Como já dito, outros ritos podem ser antecipados em benefício do tempo do catecumenato. Aprofundaremos aqui os Ritos de unção dos catecúmenos, entrega do Símbolo e da Oração do Senhor, por acreditarmos

> Sobre a imposição das mãos sobre os catecúmenos inclusive pelos catequistas leigos, escreve Hipólito de Roma: "O catequista, após a prece, imporá a mão sobre os catecúmenos, rezará e os dispensará; quer seja um clérigo ou um leigo, o que prega a doutrina assim o fará".

---

28. RICA, n. 101.
29. AMBRÓSIO DE MILÃO, 1996, p. 23.
30. Cf. RICA, n. 109-119.

que tenham um significado maior durante o catecumenato. Porém, como expresso no RICA, estes não devem ser realizados se o catecúmeno não apresentar os sinais de maturidade exigidos, sendo realizados no tempo da purificação e iluminação, ou ainda, em casos de necessidade, transferidos para os Ritos de preparação imediata, que é uma preparação que ocorre na manhã do Sábado Santo[31]. Aprofundemos, a seguir, a ação simbólico-ritual das celebrações citadas.

### 1.2.2 Rito de unção dos catecúmenos

O Rito de unção com o óleo dos catecúmenos poderá ser realizado no tempo do catecumenato, no fim da celebração da Palavra de Deus, ministrado por um presbítero ou diácono. O Rito da unção indica o fortalecimento na batalha travada ao longo da vida cristã. Ao ungir o catecúmeno, a Igreja quer transmitir a força de Deus para os que iniciam a vida cristã, que não será fácil, certamente. A própria oração de bênção do óleo nos indica isto:

> Ó Deus, força e proteção de vosso povo que fizestes do óleo, vossa criatura, um sinal de fortaleza: dignai-vos abençoar este óleo, e concedei o dom da força aos catecúmenos que com ele forem ungidos; para que, recebendo a sabedoria e virtudes divinas, compreendam mais profundamente o Evangelho do vosso Cristo, sejam generosos no cumprimento dos deveres cristãos e, dignos da adoção filial, alegrem-se por terem renascido e viverem em vossa Igreja[32].

Na unção, as palavras proferidas pelo ministro também evocam a força de Cristo para o catecúmeno: "O Cristo Salvador lhes dê a sua força..."[33]. O óleo e as unções são elementos que tanto na Sagrada Escritura quanto na liturgia têm aplicações bastante diversificadas e fre-

---

**31.** Cf. RICA, n. 193ss.
**32.** PR, n. 22, p. 529.
**33.** RICA, n. 132.

quentes. O óleo foi escolhido, com certeza, desde os tempos muito antigos para fazer parte da liturgia, devido ao seu fácil simbolismo e por estar presente no cotidiano das comunidades. O óleo vegetal é utilizado na comida, por suas propriedades medicinais, no campo cosmético, pelos desportistas, como combustível, e para tantas outras finalidades e em diferentes ambientes. Especificamente para a unção pré-batismal, recordamos os guerreiros e atletas da antiguidade que, preparando-se para o combate e para o esforço, passavam óleo no corpo para que durante a batalha as mãos dos inimigos escorregassem. Cirilo de Jerusalém escreve em uma de suas catequeses mistagógicas o significado desta unção:

> Fostes ungidos com óleo exorcizado desde o alto da cabeça até os pés. Assim, vos tornastes participantes da oliveira cultivada, Jesus Cristo. Cortados da oliveira bravia, fostes enxertados na oliveira cultivada e vos tornastes participantes da abundância da verdadeira oliveira. O óleo exorcizado era símbolo, pois, da participação da riqueza de Cristo. Afugenta toda presença das forças adversas. Como a insuflação dos santos e a invocação do nome de Deus, qual chama impetuosa, queima e expele os demônios, assim este óleo exorcizado recebe, pela invocação de Deus e pela prece, uma tal força que, queimando, não só apaga os vestígios dos pecados, mas ainda põe em fuga as forças invisíveis do maligno[34].

A matéria para as unções, até pouco tempo atrás, era o azeite de oliva, porém, em 1972, o papa Paulo VI decidiu que podem ser usados óleos de outras plantas, tais como girassol, coco, etc. Independentemente do tipo de óleo, é importante que a unção seja abundante. O que é dito no Ritual do Batismo de Crianças[35] deve ser levado em conta também para outros sacramentos: uma boa quantidade de óleo, que fique aparente, visível como uma verdadeira unção. Assim, esta torna-se significativa, permitindo que os catecúmenos sintam, através do Rito e do

---

**34.** CIRILO DE JERUSALÉM, 2004. p. 33.
**35.** Cf. SAGRADA CONGREGAÇÃO PARA O CULTO DIVINO, 1999. n. 128.

símbolo da unção, a força do Espírito Santo. Para tanto, o catecúmeno poderá ser ungido no peito ou em ambas as mãos, ou ainda noutras partes do corpo de modo adequado, se parecer oportuno[36].

### 1.2.3 Rito de entrega do Símbolo

O Rito de entrega do Símbolo deverá ser realizado depois da liturgia da Palavra na missa do dia de semana, com leituras apropriadas e com a presença da comunidade dos fiéis[37]. Além do ordinário próprio da missa, o Rito consta de: Entrega do Símbolo; oração sobre os catecúmenos; despedida dos Catecúmenos. Para a liturgia da Palavra é importante escolher textos bíblicos adequados para o momento, caso as leituras do dia não o sejam (o RICA, n. 185, apresenta algumas sugestões de leituras).

A homilia fundamentada nos textos sagrados será uma oportunidade para apresentar o significado e a importância do Símbolo para a catequese, e também da profissão de fé, proclamada no Batismo e que deve ser praticada durante toda a vida.

Terminada a homilia, o diácono ou um catequista faz o convite para que se aproximem os que irão receber da Igreja o Símbolo da fé. Os catecúmenos se aproximam de quem preside, este os exorta a ouvirem com atenção as palavras da fé e as guardarem com a pureza de coração, inicia a profissão de fé, "Creio em Deus,...", e prossegue sozinho ou com a ajuda da comunidade de fiéis. (Pode-se, também, proclamar o texto do Símbolo dos apóstolos ou o Símbolo niceno-constantinopolitano.) Após ouvirem as palavras de fé que compõem o Símbolo, os catecúmenos são convidados a se ajoelharem para a oração sobre eles, a qual sublinha a necessidade da fé para chegar aos sacramentos. Novamente aqui, a comunidade assume o seu papel de rezar pelos catecúmenos. Quem preside impõe as mãos

---

**36.** Cf. RICA, n. 132.
**37.** Cf. RICA, n. 182.

e reza sobre eles. Em seguida os catecúmenos são despedidos, e a missa prossegue com a liturgia eucarística.

Esta entrega é a mais antiga que conhecemos. Tem um sentido muito importante dentro do processo da iniciação, pois a fé cristã tem sido expressa por meio da profissão desde os seus primórdios. As formulações são a manifestação da fé, assumida e proclamada pela comunidade de fiéis.

No seu modo de viver cotidiano os cristãos se habituaram a entender que a palavra "credo" significa uma fórmula fixa que sintetiza os aspectos principais da sua opção de fé. Esta visão, porém, pode facilmente induzir ao erro de considerar a profissão de fé predominantemente como simples enumeração de proposições que devem ser aceitas pelos fiéis. Para evitar este perigo, a tradição da Igreja, a patrística em particular, utilizou outro termo, certamente mais vivo: "símbolo". Este vocábulo não indicava, então, em primeiro lugar, a adesão a alguns elementos doutrinais, porém, sim, a aceitação ativa e dinâmica do Outro que vem à história e nela se insere[38].

Ambrósio de Milão, ao explicar o Símbolo aos catecúmenos escreve: "Agora chegou o tempo e o dia de apresentar a tradição do símbolo, este símbolo que é sinal espiritual, este símbolo que é objeto da meditação de nosso coração e como salvaguarda sempre presente. De fato, é tesouro de nosso íntimo"[39]. Assim, ao entregar o Símbolo aos catecúmenos durante a iniciação, a Igreja confia-lhes os antiquíssimos documentos da fé, que "recordam as maravilhas realizadas por Deus para a salvação dos homens"[40], transmitem a fé da comunidade que crê na Trindade e tende a se aprofundar cada vez mais no Pai, no Filho e no Espírito, assemelhando-se progressivamente a Eles.

---

**38.** NOCENT. In: SARTORE, 1992, p. 954.
**39.** AMBRÓSIO DE MILÃO, 1996, p. 23.
**40.** RICA n. 25.

O Símbolo é a face visível do mistério de Deus, é manifestação. Assim, quer-se levar os catecúmenos a essa experiência a partir da reflexão dos artigos da fé, pois a linguagem do Símbolo, por sua natureza, coloca quem dele se serve em estreito contato com a totalidade do mistério. Ainda, a própria denominação "símbolo" remete à origem da palavra: algo que une. Aqui, pessoas de diferentes culturas, maneiras de pensar e agir tornam-se UM ao professarem uma só fé. A grande unidade na diversidade: a Igreja.

Receber o Símbolo, e professá-lo mais adiante, expressa a consciência e maturidade dos que almejam viver em comunhão com toda a tradição da Igreja, em continuidade com a pregação dos primeiros apóstolos. Vale ressaltar a necessidade de uma catequese em sintonia com as entregas, para que as celebrações não sejam estranhas dentro do processo iniciático, mas, sim, a coroação de uma etapa e a inauguração de uma nova. Na dinâmica da celebração, os catecúmenos devem ser levados pela catequese a compreender o valor da profissão de fé e a personificar os seus conteúdos e, assim, a ritualidade celebrativa irá se tornar verdadeiramente sinal da vitalidade da Igreja.

### 1.2.4 Rito de entrega da Oração do Senhor

Praticamente o mesmo Rito da entrega do Símbolo é empregado na entrega da Oração do Senhor. Após as leituras da liturgia da Palavra com textos apropriados, antes, porém, da proclamação do Evangelho, o diácono ou o catequista diz: "Aproximem-se os que vão receber a Oração do Senhor"[41]. Convocados, os catecúmenos se colocam de pé diante de quem preside, que os exorta a ouvirem atentos a oração que Jesus ensinou aos seus discípulos. O presidente então prossegue proclamando o Evangelho de Mateus 6,9-13, no qual Jesus ensina a oração do Pai-nosso. Em seguida, prossegue com a homilia na qual expõe os significados e a importância da oração do Senhor.

---

41. RICA, n. 191.

As leituras propostas pelo RICA para esta celebração são muito significativas; são elas: "o profeta Oseias mostra Deus, que volta para o povo o seu amor (Os 11,1b.3-4.8c-9); Paulo fala aos cristãos de Roma que recebemos o espírito de adoção pelo qual podemos dizer: Abba, Pai (Rm 8,14-17.26-27 ou Gl 4,4-7)"[42]. A reflexão posta é centrada no fato da adoção, que permite ao batizado chamar Deus de Pai. O Pai-nosso, a oração do Senhor, é a principal oração do cristão e é tida como o resumo de todo o Evangelho. "Desde a antiguidade é a oração característica dos que recebem no Batismo o espírito de adoção de filhos e será rezada pelos neófitos, com os outros batizados, na primeira Eucaristia de que participarem"[43].

Esta entrega é muito significativa, de modo que coincida com o tema proposto pela catequese, que aprofundará a importância da vida de oração, apresentando aos catecúmenos o Pai-nosso como modelo para uma vida de oração pessoal e comunitária. Jesus, em vários momentos de sua vida, deu o exemplo e ensinou a importância da oração. E foi por causa do seu testemunho, que os discípulos pediram que os ensinasse a orar: "Estando em certo lugar, orando, ao terminar, um de seus discípulos pediu-lhe: 'Senhor, ensina-nos a orar, como João ensinou a seus discípulos.'" (Lc 11,1)

E é essa oração fundamental que a Igreja recebe do Senhor e transmite aos catecúmenos, convidando-os a meditarem e refletirem sobre cada um dos seus sete pedidos. Mais ainda, mostra-lhes que para rezar não é preciso muitas palavras, basta um coração puro, humilde e arrependido. Jesus se retirava do meio da multidão; como Ele, é preciso parar com os afazeres do dia a dia, retirar-se e se colocar

> É em resposta a este pedido que o Senhor confia a seus discípulos e à sua Igreja a oração cristã fundamental. S. Lucas traz um texto breve (de cinco pedidos); S. Mateus, uma versão mais desenvolvida (sete pedidos). A tradição litúrgica da Igreja conservou o texto de S. Mateus[44].

---

**42.** LELO, 2005, p. 90.

**43.** LELO, 2005, p. 90.

**44.** CIC, n. 2759.

sozinho no silêncio (cf. Lc 6,12; Mt 14,23). Quando falamos, Deus se cala. É preciso parar e silenciar nossa vida e coração para escutar a Deus. Oração é um diálogo, e o Pai-nosso é a mais perfeita das orações, pois ordena nossos pedidos, bem como o que devemos pedir.

Quando os discípulos pediram para que Jesus os ensinasse a rezar, Ele não ensinou um método, nem um modelo apenas, mas, sim, um diálogo íntimo com Deus. A oração é o diálogo amoroso da criatura com o Criador, e no caso de Jesus, um diálogo de Filho e Pai. Rezar o Pai-nosso é reconhecer a todos como irmãos e irmãs, sentir-se em comunhão com todos os homens e mulheres, sem excluir ninguém, sem desprezar nenhum povo e nem discriminar nenhuma raça. Portanto, durante a iniciação cristã é fundamental para os catecúmenos receberem a oração do Senhor concomitantemente com a reflexão catequética, para que desde cedo descubram que a oração sempre esteve presente na vida dos cristãos como a base constituinte das comunidades.

## 2 SEGUNDA ETAPA

A segunda etapa do processo iniciático inaugura o tempo da purificação e iluminação, ocorrido normalmente na Quaresma e que, destinado a uma "intensa preparação espiritual, mais relacionada à vida interior que à catequese, procura purificar os corações e espíritos pelo exame de consciência, e iluminá-los por um conhecimento mais profundo de Cristo, nosso Salvador"[45]. Este tempo é marcado pelos Ritos da eleição e dos escrutínios, e ainda pelas entregas, assinalações e unção, se por conveniência possam acontecer durante esta etapa. Vejamos, portanto, a ação ritual presente na celebração da Eleição e nos Escrutínios.

---

**45.** RICA, n. 25.

## **2.1** CELEBRAÇÃO DA ELEIÇÃO OU INSCRIÇÃO DO NOME

Após o longo período de formação do espírito e do coração proporcionado pelo tempo do catecumenato, a Igreja ouve os padrinhos, os catequistas e aqueles mais próximos que darão seu testemunho e parecer sobre a formação e o progresso dos catecúmenos. Também eles são ouvidos, para que expressem a sua vontade e firme desejo de receber os sacramentos da Igreja. Celebra-se, então, o Rito da eleição ou inscrição do nome encerrando, assim, o catecumenato propriamente dito.

> Sobre a dignidade dos que serão eleitos, escreve Hipólito de Roma: "Escolhidos os que receberão o Batismo, sua vida será examinada: se viveram com dignidade enquanto catecúmenos, se honraram as viúvas, se visitaram os enfermos, se só praticaram boas ações".
> (HIPÓLITO DE ROMA, 2004, p. 60)

A eleição ou inscrição do nome é celebrada, habitualmente, na missa do primeiro domingo da Quaresma. O Rito da eleição consta de:

- Proclamação da Palavra e Homilia
- Apresentação dos candidatos
- Exame e petição dos candidatos
- Admissão ou eleição
- Oração pelos eleitos
- Despedida dos eleitos
- Liturgia Eucarística

Com as leituras, por exemplo, da liturgia da Palavra do ciclo A[46] do Ano Litúrgico, a Igreja não esconde dos candidatos a realidade: "aquela de um homem oprimido pelo mal (Gn 2,7-9;3,1-7), mas que também é vencedor do mal, porque Cristo, nossa cabeça, venceu a tentação (Mt 4,1-11). A segunda leitura é encorajante e positiva: lá onde abundou o pecado, derramou-se a graça em plenitude (Rm 5,12-19)"[47].

---

**46.** Cf. Lecionário Dominical – Ano A – Primeiro Domingo Quaresma.
**47.** LELO, 2005, p. 73.

Terminada a proclamação das leituras, segue-se a homilia dirigida aos catecúmenos e a toda a comunidade para que, "esforçando-se por dar um bom exemplo, iniciem com os eleitos, o caminho para os mistérios pascais"[48]. Após a homilia, o diácono ou um catequista ou ainda um representante da comunidade apresenta os que serão eleitos:

> (Padre) N., aproximando-se as solenidades pascais, os catecúmenos aqui presentes, confiantes na graça divina e ajudados pela oração e exemplo da comunidade, pedem humildemente que, depois da preparação necessária e da celebração dos escrutínios, lhes seja permitido participar dos sacramentos do Batismo, da Confirmação e da Eucaristia[49].

Quem preside responde solicitando que os futuros eleitos se aproximem com seus padrinhos e madrinhas, e prossegue, dirigindo-se aos padrinhos para que deem seus testemunhos a respeito da conduta dos catecúmenos, perguntando: "Ouviram eles fielmente a Palavra de Deus anunciada pela Igreja? Estão vivendo na presença de Deus, de acordo com o que lhes foi ensinado? Têm participado da vida e da oração da comunidade?"[50] Se for o caso, toda a assembleia poderá ser interrogada se está de acordo com a eleição dos catecúmenos ali apresentados.

Sendo positiva a resposta de todos, quem preside exorta e interroga os catecúmenos se querem ser iniciados na fé cristã, receber os sacramentos e prosseguir fiéis à santa Igreja continuando a frequentar a catequese e a participar da vida da comunidade[51]. Afirmativa a resposta, quem preside solicita o nome de cada um para ser inscrito no livro dos eleitos. Terminada a inscrição dos nomes, chega-se ao ponto alto da celebração, quando quem preside diz: "(N. e N.), eu declaro vocês eleitos para serem iniciados nos sagrados mistérios na próxima

---

**48.** RICA, n. 142.
**49.** RICA, n. 143.
**50.** RICA, n. 144.
**51.** RICA, n. 146.

Vigília Pascal"[52]. Os eleitos então respondem: "Graças a Deus". Quem preside exorta os eleitos sobre a fidelidade de Deus, que nunca lhes negará a sua ajuda, e os padrinhos para que cumpram a sua missão de acompanhá-los com o auxílio e exemplo. Os padrinhos e madrinhas, colocando as mãos nos ombros dos eleitos, recebem-nos como afilhados, e quem preside, com as mãos estendidas, prossegue com uma oração pelos eleitos – uma belíssima oração[53] que expressa uma catequese sucinta e renovada da história da salvação.

O Rito é concluído com a despedida dos eleitos e a missa prossegue com a liturgia eucarística.

> A partir de sua "eleição" e admissão, os candidatos são chamados "eleitos". Denominam-se também "co-petentes" porque todos juntos se esforçam ou competem para receber os sacramentos de Cristo e o dom do Espírito Santo. Chamam-se ainda "iluminados" porque o Batismo é denominado "iluminação" e através dele os neófitos são inundados pela luz da fé[54].

O termo eleito indica que a Igreja admite o candidato baseada na eleição de Deus, em cujo nome ela age. Essa celebração, feita com tanta solenidade, é extremamente significativa, o ponto mais importante do catecumenato, concluindo o período mais longo de preparação dos catecúmenos.

Os agora eleitos serão convidados a se entregarem, durante os quarenta dias da Quaresma, ao recolhimento espiritual com toda a comunidade eclesial, a fim de se prepararem de uma maneira mais intensa para as festas pascais e a iniciação nos sacramentos. É um grande retiro quaresmal. Os eleitos tornam-se um sinal da chamada de Deus dirigida a todos para se reconciliarem com Ele e com o próximo. É

---

**52.** RICA, n. 147.
**53.** Cf. RICA, n. 149.
**54.** RICA, n. 24.

um convite ao exame de consciência, à renúncia ao pecado (maior obstáculo à fraternidade humana e cristã), e ao comprometimento de assumir a atitude de conversão e penitência e as práticas da oração, do jejum e da caridade, descobrindo de novo o amor de Deus, e o compromisso com os irmãos na luta contra o egoísmo, o orgulho e as injustiças. Durante esta preparação progressiva da iniciação, e agora mais intensa, realizam-se os escrutínios e também as entregas, se não tiverem ainda sido realizados. Assim se completa a preparação espiritual e catequética dos eleitos[55].

## 2.2 RITO DOS ESCRUTÍNIOS

A palavra escrutínio vem do latim *scrutari* (esquadrinhar, examinar, visitar, buscar). No RICA, dá-se este nome às provas e celebrações compostas da leitura da Palavra, orações e exorcismos, realizados sobretudo no caminho do catecumenato batismal, que têm duas finalidades: "descobrir o que houver de imperfeito, fraco e mau no coração dos eleitos, para curá-los; e o que houver de bom, forte, santo, para consolidá-los"[56]. São celebrações muito importantes em termos espirituais, pois esclarecem aos futuros batizados o sentido das lutas que irão travar durante a caminhada cristã, as renúncias e as rupturas que serão chamados a realizar, levando-os a viver sob o símbolo da vitória de Cristo.

Os escrutínios, celebrados solenemente nas missas próprias do 3º, 4º e 5º domingos da Quaresma, têm a mesma estrutura, qual seja:

- Proclamação da Palavra e homilia
- Oração em silêncio
- Prece pelos Eleitos
- Exorcismo
- Despedida dos Eleitos
- Liturgia eucarística

---

55. Cf. RICA, n. 153.
56. RICA, n. 25.

Com temáticas diferentes, seguindo as leituras do Lecionário do Ano A, usa-se no primeiro escrutínio o Evangelho da Samaritana; no segundo, do cego de nascença; e no terceiro, da ressurreição de Lázaro. Com este itinerário, seguindo a pedagogia quaresmal, cada celebração ajudará o eleito a perceber, de modo mais profundo, a importância de Cristo em sua própria vida. Para tanto, no primeiro escrutínio, apresenta-se a figura da samaritana que no poço se encontra com o Cristo, e, no diálogo com Ele, toma consciência de estar em pecado, e acolhe Jesus. Ela tem sede e suplica a água viva prometida pelo Messias. Esta água é o Espírito Novo do Reino, derramado para produzir o verdadeiro culto em espírito e verdade, não mais baseado em obras da carne. A samaritana torna-se ciente disso e muda de direção, tornando-se apóstola. Nesta perspectiva de participação e compromisso com o Reino, o Espírito de Jesus é invocado sobre os eleitos ordenados ao novo culto do qual já começaram a participar pela fé, para transformá-los em templos vivos, onde se presta ao Pai, o verdadeiro culto espiritual.

No segundo escrutínio, apresenta-se o cego de nascença que teve a vista curada por Jesus. Aquele que no princípio do texto era cego começa a enxergar, enquanto os fariseus, que creem ter a visão adequada da realidade, são apresentados como os que têm a cegueira mais profunda: vivem encerrados em seu legalismo e numa visão estreita da vontade de Deus, incapazes de reconhecer Jesus como o Messias. Ao contrário, quem foi curado confessa Jesus como Senhor. Esse processo indica que a fé é um dom de Deus, que recebem aqueles que se mostram receptivos. Assim, a luz da fé faz o eleito reconhecer e confessar a messianidade de Cristo. O cristão é iluminado, converte-se em luz, o que implica a séria responsabilidade da Igreja de ser luz do mundo com Cristo.

Por fim, o terceiro escrutínio coloca o eleito no drama da morte. Com a ressurreição de Lázaro, contempla-se o mistério de Cristo, que, apesar do odor de nossa morte e de nossa decomposição, é capaz de infundir o sopro vivificante do Espírito que anuncia a ressurreição definitiva. Cristo veio curar a humanidade e anunciar a promessa de uma vida imortal. Aquele que o criou do barro, que infundiu o alento da vida, o recria em suas mãos, anunciando uma vida imortal e gloriosa. Lázaro é o personagem emblemático da humanidade libertada da morte pela vitória da ressurreição e que se faz presente, agora, nas águas do novo nascimento. Ser batizado significa possuir o Espírito de Jesus e estar destinado à ressurreição e à vida plena em Cristo. Nesse momento, é preciso que o eleito se deixe escrutar a mente e o coração por este Cristo ressuscitado e ressuscitador.

Em cada celebração, depois da homilia, os eleitos põem-se de pé com seus padrinhos diante de quem preside, que, se dirigindo a toda a assembleia, convida-os a um momento de oração em silêncio em favor dos eleitos, "implorando o espírito de penitência, a consciência do pecado e a verdadeira liberdade dos filhos de Deus"[57]. Os eleitos igualmente são convidados a orar em silêncio, de cabeça baixa ou se colocando de joelhos. Depois de um tempo, os padrinhos e as madrinhas colocam a mão direita sobre o ombro de cada eleito e prossegue-se a oração em forma de prece universal. A prece pelos eleitos é concluída com as preces de exorcismo.

Seis modelos de formulários de exorcismos são oferecidos pelo RICA, sendo dois para cada uma das três celebrações dos Ritos de escrutínios. Sobre as orações dos exorcismos padre Lelo escreve:

> A primeira parte desses exorcismos dirige-se ao Pai, a segunda ao "Senhor Jesus". Nesta, depois de apresentar a real situação dos eleitos, feridos pelo pecado e portadores de chagas ocultas, suplica-se que seja subjugado o espírito maligno pela força do nome de Jesus e do Espírito Santo e sejam conduzidos ao Pai. Em todos os modelos dessas orações, ocorre verdadeiro derramamento do Espírito para a transformação do eleito[58].

---

57. Cf. RICA n. 162, 168 e 176.
58. LELO, 2005, p. 79.

Portanto, a função dos escrutínios, que se realizam por meio dos exorcismos, é sobretudo espiritual, estão "orientados para libertar do pecado e do demônio e confirmam no Cristo, que é o caminho, a verdade e a vida dos eleitos"[59]. Ao término do exorcismo, pode-se cantar um salmo e seguem-se a despedida dos eleitos e a celebração da Eucaristia.

## 2.3 RITOS DE PREPARAÇÃO IMEDIATA

Os Ritos de preparação imediata são celebrações sugeridas pelo RICA, que podem acontecer na manhã ou no começo da tarde do Sábado Santo, a fim de preparar os eleitos para os sacramentos através do recolhimento e a oração.

Propõe-se o seguinte esquema ritual para a celebração de preparação imediata:

- Ritos iniciais
- Liturgia da Palavra
- Recitação do Símbolo
- Rito do *Éfeta*
- Escolha do nome cristão
- Rito da unção[60]

A celebração começa, como de costume, com a procissão inicial, o sinal da cruz e a saudação de quem a preside, e é concluída com uma oração da coleta[61]. Em seguida, segue-se a liturgia da Palavra que pode constar das leituras sugeridas no n. 196 do RICA, cuja primeira leitura narra o testemunho de conversão dado por Paulo e o Evangelho traz a profissão de Fé feita por Pedro à interrogação realizada por Jesus "E vós, quem dizeis que eu sou" (Mc 8,29). As leituras são um convite aos eleitos a reconhecerem Jesus como o enviado do Pai para salvá-los e libertá-los das trevas e se converterem sem medo.

---

**59.** RICA, n. 25.
**60.** RICA, p. 81.
**61.** Cf. RICA, n. 194.

Após a homilia, procede-se a recitação do Símbolo. O diácono ou um catequista convida os eleitos para se colocarem de pé diante de quem preside. Este lhes exprime que as palavras que recitarão "são poucas, mas contêm grandes mistérios"[62]. Em seguida convida todos à oração e, depois de um momento de silêncio, reza pedindo que os eleitos possam sempre viver e testemunhar a fé. Os eleitos, então, prosseguem recitando o Símbolo recebido durante o tempo do catecumenato ou entre os escrutínios.

Depois de um canto apropriado, realiza-se o Rito do *Éfeta*, com a proclamação do Evangelho em que Jesus cura um homem que era surdo e falava com dificuldade (Mc 7,31-37), e uma breve explicação do texto por parte de quem preside. Em seguida, tocando com o polegar os ouvidos e a boca fechada de cada eleito, o presidente diz: "*Éfeta*, isto é, abre-te, a fim de proclamares o que ouviste, para o louvor e glória de Deus"[63]. Este Rito, denominado conforme o aramaico *Éfeta*, que significa literalmente "abre-te", é um pedido de "abertura dos sentidos" para Cristo, e "por seu próprio simbolismo, sugere a necessidade da graça para ouvir e professar a Palavra de Deus, a fim de se alcançar a salvação"[64].

> No ritual romano de batismo antigo, o padre tocava com o polegar umedecido com saliva as orelhas e a boca (mais tarde o nariz) dos eleitos e dizia: "Éfeta, isto é, abre-te para a doce fragrância. Mas tu, Satanás, põe-te em fuga porque o juízo de Deus está próximo". As palavras finais permitem reconhecer que se tratava de um exorcismo.
>
> Também nos rituais de batismo extrarromanos há uma abertura dos sentidos para Cristo, só que em regra realizado com óleo em vez de saliva. BERGER, 2010, p. 145.

---

**62.** RICA, n. 198.
**63.** RICA, n. 202.
**64.** RICA, n. 200.

Na sequência, pode ser dado um novo nome cristão[65] ao eleito, se ainda não lhe tenha sido dado um. A mudança de nome simboliza sobretudo o novo *status* que o eleito irá assumir, a nova identidade, a disposição de se identificar com a comunidade eclesial. No Ocidente, de tradição cristã, basta explicar o significado cristão do nome recebido dos pais. Antes, podem ser lidos e explicados textos que apresentam alguns personagens bíblicos que tiveram o nome mudado (Abrão/Abraão, Simão/Pedro), em função do novo *status* ou serviço assumido[66].

Em seguida, poderá ser feita ou repetida a unção com o óleo dos catecúmenos, como já ilustrado nos ritos que podem acontecer durante o tempo do catecumenato. A celebração é encerrada; os eleitos e toda a comunidade continuam a observar o jejum e o silêncio deste dia, até a solene celebração da Vigília Pascal, em que os eleitos receberão os três sacramentos da Iniciação Cristã, sendo incorporados ao corpo de Cristo.

## 3 TERCEIRA ETAPA

Um longo caminho foi percorrido pelos catecúmenos. Ouviram o anúncio daquele que pode restituir a vida em plenitude e devolver a alegria ao coração humano: Cristo! Nesse processo, a Palavra e o testemunho da comunidade tocaram-lhes a mente e o coração. Buscando a liberdade de filhos e filhas, aproximaram-se da Igreja e, confiantes, pediram a água que mata a sede e devolve a vida. A Igreja, solícita em sua missão, os acolhe, designa-lhes introdutores, padrinhos e madrinhas, e catequistas para acompanhá-los e iniciá-los na fé. Acontecem, nesse processo, muitos encontros, celebrações e ensinamentos, conhecimento, renúncias, conversão, amadurecimento, fortalecimento. Enfim, conscientes e eleitos chegam à última etapa, na santa noite da Vigília Pascal, quando receberão os sacramentos do

---

**65.** Ou da cultura local, desde que não exclua um sentido cristão. Cf. RICA, n. 203.

**66.** Cf. RICA, n. 204, onde se oferecem sugestões de leituras: Gn 17,1-7; Is 62,1-5; Ap 3,11-13; Mt 16,13-18; Jo 1,40-42.

Batismo, da Crisma e da Eucaristia, sendo incorporados ao povo de Deus, tornando-se seus filhos adotivos.

Nas páginas a seguir queremos mostrar toda a mística que envolve os ritos e símbolos destes sacramentos para, a partir deles, entendermos a teologia que comportam, sua beleza, seu significado e importância no processo iniciático. Nesta perspectiva, esperamos deixar claro que "batismo-crisma-eucaristia constituem, em sua unidade dinâmica, a *única* Iniciação Cristã e não a iniciação a três diversos graus do cristianismo ou de participação na Igreja"[67].

## 3.1 Celebração dos Sacramentos da Iniciação

A celebração dos Sacramentos da Iniciação deve ser realizada de modo especial na Vigília Pascal[68], tornando a liturgia desta noite revestida ainda mais de importância e significado.

Todos reunidos após breve celebração da luz (primeira parte da vigília), quando, com a bênção do fogo novo e o acendimento do Círio Pascal, a escuridão é rompida e iluminada pela Luz do Cristo ressuscitado, coluna luminosa, sol nascente que nos veio visitar[69]. A alegria da proclamação da Páscoa abre os ouvidos e o coração do povo reunido para escutar e meditar as maravilhas que Deus realizou desde o início pelo seu povo, que confiou em sua Palavra e sua promessa (liturgia da Palavra – segunda parte da vigília). E então se chega ao tão esperado momento onde os eleitos receberão os primeiros sacramentos da Igreja.

---

**67.** TABORDA, 2001, p. 135.

**68.** Se a celebração se realizar fora do tempo próprio, dê-se o mesmo caráter pascal, usando os textos da missa ritual que se encontram no missal (Cf. RICA, n. 209).

**69.** Cf. Texto da Proclamação da Páscoa – Missal Romano – Domingo da Páscoa e Ressurreição do Senhor. n. 18.

### *3.1.1* Celebração do Batismo

O primeiro sacramento a ser recebido é o Batismo, o primeiro sacramento instituído por Cristo para que todos possam alcançar a vida nova e o Reino.

A estrutura e sequência ritual deste sacramento compreende:

Apresentação dos Eleitos e exortação de quem preside
Ladainha
Oração sobre a água
Renúncia
Unção
Profissão de fé
Banho batismal

*Ritos complementares*

Unção depois do Batismo
Veste batismal
Entrega da luz[70]

Depois da homilia, os eleitos são apresentados pelos padrinhos e madrinhas à Igreja reunida e se colocam com eles ao redor da fonte batismal[71]. Então, quem preside exorta os fiéis a acompanharem com suas preces os que pedem o Batismo e, a seguir, todos entoam a ladainha invocando o nome dos santos e pedindo auxílio para os eleitos: "Para que vos digneis dar nova vida a estes eleitos que chamastes ao Batismo, ouvi-nos, Senhor"[72]. A súplica dirigida aos santos pela oração litânica quer, antes de tudo, exprimir a fé da Igreja terrestre na comunhão com a Igreja celeste, manifestando o mistério da comunhão daqueles que estão em Cristo. Ainda, os santos se tornam modelos de vida evangélica para aqueles que estão para ser definitivamente inseridos no mistério de Cristo.

---

**70.** RICA, p. 93.

**71.** Cf. RICA, 213. Se a fonte batismal for afastada, pode-se fazer uma procissão até ela enquanto canta-se a ladainha.

**72.** Cf. RICA, 214. Invocação própria para o Sacramento do Batismo.

A ladainha é concluída com uma oração. Em seguida, procede-se à bênção sobre a água. A oração de bênção é riquíssima em teologia e cheia de significados, portanto, vamos nos ater um pouco mais a ela e ao Rito da bênção. A oração tem a seguinte estrutura: prólogo, anamnese da obra de Deus Pai manifestada em seis momentos (a água da criação, a água do dilúvio, a água do Mar Vermelho, a água do Jordão, a água do lado aberto de Cristo transpassado na cruz, a água do Batismo), epiclese e intercessões por intermédio do Filho de Deus.

O prólogo anuncia que, por meio de sinais sacramentais, Deus realiza maravilhas por seu povo: *"Ó Deus, pelos sinais visíveis dos sacramentos realizais maravilhas invisíveis. Ao longo da história da salvação, vós vos servistes da água para fazer-nos conhecer a graça do Batismo"*[73]. Fica claro neste trecho da oração não só os benefícios espirituais, mas também a importância dos símbolos e dos ritos. Eles devem ser realizados de verdade, com dignidade, expressando o que significam. Não se pode fazer de conta. Neste sentido, a simbologia da água cumpre um papel fundamental na comunicação sacramental e é a principal exigência para se administrar esse sacramento, por isso é de suma importância aprofundar mais sobre esse elemento natural, como veremos mais adiante neste texto.

Como dito no prólogo da oração de bênção, a água foi utilizada por Deus ao longo da história para comunicar ao ser humano a sua graça e a salvação. A anamnese da oração recorda seis pontos importantes desta ação, três do Antigo Testamento e três do Novo Testamento. Vejamos cada um deles:

**Criação:** *"Já na origem do mundo vosso espírito pairava sobre as águas para que elas concebessem a força de santificar"*[74]. A oração nos remete ao livro do Gênesis (1,2), mostrando que da água, criatura de Deus, surgiu a vida pela ação do Espírito. Rocchetta ao referir-se a este tema diz:

---

**73.** RICA, n. 215.
**74.** RICA, n. 215.

50

As águas primordiais são vistas pelo autor sacro como ambiente natural em que começa a existir a vida. Graças às ordens de Deus, as águas são fecundadas e produzem a vida [...]. Frequentemente, os Padres da Igreja relacionam essas águas primordiais com as águas do batismo, como novo ambiente de vida e criação. [...] E o mesmo Espírito de Deus, que suscita a primeira criação, "pousa" sobre Maria para suscitar nela o primogênito da nova criação, e age nas águas batismais para suscitar o "homem novo", recriado à imagem e semelhança de Deus, na justiça e na santidade. A água e o Espírito são os dois fatores constitutivos do batismo[75].

**Dilúvio**[76]: *"Nas próprias águas do dilúvio, prefigurastes o nascimento da nova humanidade, de modo que a mesma água sepultasse os vícios e fizesse nascer a santidade"*[77]. Este trecho da oração recorda que a água foi instrumento de castigo e purificação da humanidade, no mesmo momento em que se renovava a aliança entre Deus e o restante da humanidade que foi salvo: Noé e sua família. Sobre este aspecto, Muñoz escreve:

O Batismo, neste caso, é considerado a introdução do homem no dilúvio universal, que é o Mistério Pascal de Cristo, para começar a viver, "salvo na esperança" (Rm 8,24), na Igreja – arca de salvação – o céu novo e a terra nova em que a justiça tem sua morada (2Pd 3,13)[78].

**Mar Vermelho:** *"Concedestes aos filhos de Abraão atravessar o mar Vermelho a pé enxuto para que, livre da escravidão, prefigurassem o povo nascido na água do Batismo"*[79]. A oração evoca a passagem do Mar

---

**75.** ROCCHETTA, 1991, p. 240.

**76.** Cf. Gn 6,5-22; 7,1-24; 8,1-22.

**77.** RICA, n. 215.

**78.** MUÑOZ, 2011, p. 57.

**79.** RICA, n. 215.

Vermelho[80], quando Moisés o atravessa com o povo. Esse acontecimento simboliza a nova travessia dos fiéis em meio às águas do Batismo. A água é sinal de salvação para os hebreus (cf. Ex 14,22). O povo de Israel que passou a pé enxuto pelo mar é imagem da Igreja, ou seja, da comunidade dos batizados. Ambrósio de Milão faz um paralelo entre a passagem do Mar e o Batismo: "Contudo, os judeus que atravessaram, morreram todos no deserto. Ao contrário, quem passa por essa fonte, isto é, das coisas terrenas para as celestes – aqui há de fato uma passagem, portanto uma páscoa, isto é, sua passagem, passagem do pecado para a vida, da culpa para a graça, da impureza para a santificação (cf. Jo 6,49.59) – aquele que passa por esta fonte não morre, mas ressuscita"[81].

**Batismo de Jesus:** *"Vosso Filho, ao ser batizado nas águas do Jordão, foi ungido pelo Espírito Santo"*[82]. Jesus, ao ser batizado por João no Rio Jordão, ungido pelo Espírito de Deus para sua missão, manifesta o mistério do novo Batismo, como diz o Rito da aspersão dominical, "por ela finalmente [água], consagrada pelo Cristo no Jordão, renovastes pelo banho do novo nascimento, a nossa natureza pecadora"[83].

**Lado de Cristo transpassado na Cruz:** *"Pendente da cruz, do seu coração aberto pela lança fez correr sangue e água"*[84]. O sangue e a água significam os dois sacramentos principais da Igreja: Eucaristia e Batismo, e, assim, o nascimento da Igreja, como nova Eva do lado do novo Adão. No prefácio da solenidade do Sagrado Coração de Jesus é possível identificar este primeiro significado: "E de seu lado aberto pela lança fez jorrar, com a água e o sangue, os sacramentos da Igreja para que todos, atraídos ao seu Coração, pudessem beber, com alegria, na fonte salvadora"[85]. O lado aberto de Cristo morto na cruz também evoca a

---

**80.** Cf. Ex 14,5-31.

**81.** AMBROISO DE MILÃO, 1996, p. 34.

**82.** RICA, n. 215.

**83.** MR, 1992, p. 1002.

**84.** RICA, n. 215.

**85.** MR, 1992, p. 383.

nossa imersão batismal na paixão e morte do Senhor. Do seio de Jesus elevado e glorificado no mistério da morte e ressurreição, flui a água viva, símbolo do dom do Espírito Santo. O Batismo confere aos fiéis o dom do Espírito Santo e os tornam portadores e templos do Espírito.

**Mandato Batismal de Jesus:** *"Após sua ressurreição, ordenou aos apóstolos: 'Ide, fazei meus discípulos todos os povos, e batizai-os em nome do Pai, e do Filho, e do Espírito Santo"*[86]. O Cristo ressuscitado, em suas últimas instruções, envia os discípulos para que propaguem a Boa Nova e incorporem à Igreja, pela regeneração do banho batismal, aqueles que tenham aderido ao Evangelho anunciado.

Após desenvolver uma bela catequese sobre a água e recordar a ação de Deus ao longo da história, o texto passa à parte epiclética, que se une à parte anamnética em estreita relação. Como parte da mesma bênção sobre a água, pede-se a Deus que realize também hoje toda obra de purificação e renascimento, essenciais à vida. Vejamos a continuação da oração, mencionada anteriormente, ao tratar do Mar Vermelho.

> Olhai agora, ó Pai, a vossa Igreja, e fazei brotar para ela a água do Batismo. Que o Espírito Santo dê por esta água a graça de Cristo, a fim de que homem e mulher, criados à vossa imagem, sejam lavados da antiga culpa pelo Batismo e renasçam pela água e pelo Espírito Santo para uma vida nova.
>
> Quem preside, se for oportuno, mergulha o círio pascal na água uma ou três vezes (ou apenas toca na água com a mão), dizendo: *Nós vos pedimos, ó Pai, que por vosso Filho desça sobre esta água a força do Espírito Santo*[87].

Pode-se observar o paralelismo entre a oração e as anamneses do Antigo Testamento: "O homem 'criado a imagem de Deus' corresponde ao tema da criação; o homem 'purificado de seus pecados' evoca o tema do dilúvio; e o homem que 'renasce para a vida nova' evoca o tema

---

86. RICA, n. 215.
87. RICA, n. 215.

da passagem do Mar Vermelho"[88]. Deus é o grande ator dos sacramentos, e a Ele se dirige o pedido de atualização: "esta Igreja que está reunida em oração, que vivenciou sua condição maternal, levando em seu seio aqueles que serão batizados, pede a Deus que atue agora, abrindo-lhes a fonte batismal, para que ela (Igreja) possa exercer, por fim, a sua maternidade"[89]. Recordamos aqui o belíssimo simbolismo da Igreja na qualidade de esposa de Cristo. A tradição enxergou a fonte batismal como útero da Mãe Igreja como se pode ler nos escritos do séc. V do batistério Lateranense, atribuídos ao Papa São Sisto III (432-440):

> "AQUI [fonte batismal]
>
> NASCE PARA O CÉU UM POVO DE NOBRE ESTIRPE.
>
> O ESPÍRITO É QUEM DÁ A VIDA NESSAS ÁGUAS FECUNDAS.
>
> AQUI, A MÃE IGREJA GERA, COM FÉRTIL VIRGINDADE, AQUELES QUE COLOCA NO MUNDO PELA AÇÃO DO ESPÍRITO.
>
> ESTA É A FONTE DA VIDA QUE BANHA TODO O UNIVERSO: BROTA DA FERIDA ABERTA DO CORAÇÃO DO CRISTO E FAZ O CRISTÃO.
>
> ESPERAI NO REINO VÓS QUE NASCESTES NESTA FONTE".

A simbologia de útero e esposa fica ainda mais visível ao observar a rubrica no corpo da oração que diz que, se oportuno, mergulhar o círio pascal na água[90]. O círio pascal, símbolo de Cristo, que mergulhado fecunda as águas do útero da mãe Igreja, sua esposa com o Espírito. Em algumas igrejas, encontramos a imagem da virgem Maria ao lado da fonte batismal, que transmite uma belíssima simbologia: Maria, o útero que gerou o Cristo, e a fonte batismal, o útero que gera o cristão. O mesmo Espírito que fecundou o seio de Maria fecunda o seio da Igreja. Recorremos ainda à oração de bênção do batistério ou de uma nova fonte batismal que diz:

---

**88.** MUÑOZ, 2011, p. 60.

**89.** Ibid., p. 59.

**90.** Cf. RICA, n. 215.

> ...Enviai, Senhor, sobre esta água o sopro do vosso Espírito; a força divina pela qual a Virgem gerou o vosso Unigênito fecunde o seio da Igreja, vossa esposa, para que ela, ó Pai, gere para vós inúmeros filhos, e futuros habitantes do céu. Concedei, Senhor, aos nascituros desta fonte cumpram, por suas obras, o que com fé prometem, e manifestem em sua vida o que são por vossa graça...[91]

Na oração de bênção da fonte, fica explícito o paralelo entre a fecundação do seio de Maria e a do seio da Igreja, a esposa que gera o cristão, ambas pelo mesmo Espírito. Por fim, a oração de bênção da água batismal se conclui com intercessões pela mediação do Filho de Deus: "E todos os que, pelo Batismo, forem sepultados na morte com Cristo, ressuscitem com Ele para a vida"[92]. Essas palavras exprimem a graça do Batismo de acordo com as pregações de São Paulo (cf. Rm 6,4-11; Cl 2,12).

Como se pode constatar, a oração de bênção da água batismal contém uma valiosa doutrina sobre o Sacramento do Batismo e sobre a identidade do batizado.

Após a consagração da água, há renúncia ao demônio e a profissão de fé, que formam um só Rito[93]. Uma tríplice renúncia e uma tríplice profissão de fé é apresentada pelo ritual. Quem preside interroga todos os eleitos: Para viver na liberdade... para viver como irmãos... para seguir Jesus Cristo... renunciam ao pecado... a tudo que causa desunião... ao demônio? As perguntas tornam-se uma afirmação de que não temos relação nenhuma com o demônio e nem com suas obras. Pelo contrário, queremos crer na Santíssima Trindade. Renunciando ao demônio, o eleito professa solenemente sua fé, profissão esta que sempre esteve no coração da liturgia batismal: "N., Crês em Deus Pai... Crês em Jesus Cristo... Crês no Espírito Santo...?". A pergunta é feita

---

**91.** RB, 2013, p. 312.

**92.** RICA, n. 215.

**93.** Cf. RICA, n. 217. Após a renúncia é previsto uma unção com o óleo dos catecúmenos, se não foi realizada anteriormente, com o significado de dar força para a renúncia.

nominalmente a cada eleito[94]. A fé é condição pessoal necessária para o Batismo. Professar publicamente a fé na Trindade é resposta visível de aceitação pessoal da mensagem proclamada. "O Batismo é antes de tudo, o sinal daquela fé com a qual os seres humanos respondem ao Evangelho de Cristo, iluminados pela graça do Espírito Santo"[95].

Muñoz assim escreve sobre a profissão de fé: "Dessa maneira, 'água' e 'profissão de fé' operam a passagem do homem velho a Cristo-ressuscitado. Assim, renúncia ao demônio e profissão de fé nas três pessoas divinas formam um todo que integra o que denominamos 'as promessas batismais'. Fizeram-nas nossos pais e padrinhos no batismo de crianças. Fizeram-nas pessoalmente os adultos em sua iniciação cristã. Nós a fazemos, ano após ano, na 'mãe das vigílias', quando na noite batismal, luminosa e iluminadora da Páscoa, as renovamos como povo de Batizados"[96].

A máxima significação desta experiência de fé é alcançada no momento em que o eleito entra na água, e é batizado em nome do Deus, uno e trino. Quem preside, batiza o eleito, dizendo:

> N., EU TE BATIZO EM NOME DO PAI,
> (mergulha o eleito ou derrama água pela primeira vez)
> E DO FILHO,
> (mergulha o eleito ou derrama água pela segunda vez)
> E DO ESPÍRITO SANTO.
> (mergulha o eleito ou derrama água pela terceira vez)[97]

Ao entrar na fonte batismal e ser mergulhado na água o batizando passa da esfera do pecado à vida nova, passa de não povo a Povo de Deus, do pecado à graça. O eleito é "mergulhado" em Cristo pelo ba-

---

**94.** Cf. RICA, 219. Se forem muitos os eleitos, pode ser feita em comum ou por grupo.
**95.** RICA, n. 3.
**96.** MUÑOZ, 2011, p. 61.
**97.** RICA, n. 220.

nho batismal. Sobre este momento, apesar do RICA apresentar duas maneiras válidas de se batizar, imersão ou efusão, insiste para que se dê preferência à primeira, por permitir melhor compreensão sobre o significado do Batismo.

> *...a ablução, significando a mística participação na morte e ressurreição de Cristo, pela qual os que creem em seu nome morrem para o pecado e ressurgem para a vida eterna, deve conservar toda a sua importância na celebração do Batismo. Escolha-se, portanto, o rito da imersão ou da infusão mais apropriado a cada caso, a fim de que, conforme as diferentes tradições e circunstâncias, se compreenda melhor que essa ablução não é um simples rito de purificação, mas o sacramento da união com Cristo[98].*

No batismo por imersão na Igreja Primitiva os eleitos eram despojados de suas vestes, e sobre isso nos fala Cirilo de Jerusalém em uma de suas catequeses batismais, tão rica de significados: *"Logo que entrastes, despistes a túnica. E isto era imagem do despojamento do velho homem com suas obras. Despidos, estáveis nus, imitando também nisso a Cristo nu sobre a cruz. Por sua nudez despojou os principados e as potestades e no lenho triunfou corajosamente sobre eles. As forças inimigas habitavam em vossos membros. Agora já não vos é permitido trazer aquela velha túnica, digo, não esta túnica visível, mas o homem velho corrompido pelas concupiscências falazes. Oxalá a alma, uma vez despojada dele, jamais torne a vesti-la, mas possa dizer com a esposa de Cristo, no Cântico dos Cânticos: 'Tirei minha túnica, como irei revesti-la?'. Ó maravilha, estáveis nus à vista de todos e não vos envergonhastes. Em verdade éreis imagem do primeiro homem Adão, que no paraíso andava nu e não se envergonhava"* (CIRILO DE JERUSALÉM, 2004, pp. 32-33).

O gesto central do Batismo é o banho de água, e não somente a água, pois em nenhum sacramento o sinal é um elemento, mas sim uma ação. O Catecismo da Igreja, ao tratar da mistagogia da celebração do Batismo, diz: "...o Batismo propriamente dito, que significa e realiza a morte

---

**98.** RICA, n. 32.

ao pecado e a entrada na vida da Santíssima Trindade por meio da configuração ao mistério pascal de Cristo. O Batismo é realizado da maneira mais significativa pela tríplice imersão na água batismal"[99].

Para entender melhor a importância da imersão no Batismo, é preciso compreender o simbolismo presente na água, e o porquê da escolha deste elemento para o primeiro sacramento. A água é um elemento natural, com um profundo e expressivo sentido antropológico universal: sacia a sede, refresca, limpa, purifica, faz frutificar a terra. A água é um símbolo utilizado por várias religiões para indicar, sobretudo, a purificação: no Ganges, os indianos com seus banhos; no Nilo, os egípcios; no Jordão, os judeus... Porém, esse aspecto purificador da água não é o mais importante dos que aparecem no Batismo cristão: muito mais o é o aspecto do renascimento para a vida nova com Cristo.

Sendo assim, são invocados os sentidos negativo e positivo da água para o Batismo cristão. O negativo, a água que gera morte. Basta recordar as mortes causadas pelo afogamento, pela força violenta das enxurradas, tempestades e inundações; a causa dos deslizamentos e desmoronamentos. Taborda assim explicita: "A imersão na água significa simbolicamente morte, desaparecimento, volta ao ponto zero da existência. Em perspectiva antropológica, a imersão equivale à morte pessoal; em perspectiva cósmica, à morte coletiva, ao dilúvio, catástrofe que destrói o mundo pelo retorno do oceano primordial"[100].

Ser mergulhado na água e ser lavado por ela são ações que se integram ao simbolismo da morte e da purificação. A água que destrói (sentido negativo) é antes de tudo origem e geradora da vida (sentido positivo). Todo ser vivo, inclusive o homem, brota da água: o líquido do útero materno... que faz brotar a semente... que mata a sede... Por essa razão, se vê essa dupla vertente de vida e morte, com ênfase, naturalmente, em seu aspecto mais positivo de fonte de vida no simbolismo religioso, principalmente

---

**99.** CIC, n. 1239.
**100.** TABORDA, 2001, p. 153.

no Batismo cristão. O homem mergulhado na água morre para o pecado, para vida antiga, e ressurge, renasce numa nova vida.

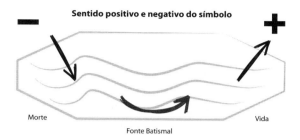

Vejamos o que dizem alguns autores sobre o elemento água e o seu simbolismo no Batismo cristão:

**Taborda:**
"O simbolismo aquático não se reduz, no entanto, a um desses dois polos: vida e/ou morte. Ele capta a relação entre ambos, a ambivalência da água, e vê na passagem pela água um gesto fundamental, originário no sentido mais próprio da palavra. A vida tem algo a ver com a morte. No fundo, a vida é o milagre de que os seres vivos escapem à morte, o cosmo vença o caos"[101].

**Aldazábal:**
"Um elemento simples, universal, cósmico e humano: a água. Que possui, porém, grande transcendência tanto para a vida humana como para a expressão da salvação cristã"[102].

**Borobio:**
"Um símbolo comum, mas símbolo original para o cristão. Toda a história salvífica, todo o mistério do amor de Deus pelo homem atualiza-se e realiza-se por esse sinal, que ao mesmo tempo é purificação e morte, ressurreição e vida, seio materno e nascimento para a vida nova, princípio e meta da vida cristã"[103].

---

**101.** TABORDA, 2001, p. 155.
**102.** ALDAZÁBAL, 2005, p. 162.
**103.** BOROBIO, 2009, p. 183.

Recorramos, ainda, a mais um trecho da oração de bênção de batistério ou de uma nova fonte batismal no qual se pode visualizar, de forma mais explícita, toda a simbologia da água e da fonte batismal:

> Ó Deus criador do mundo, pai de todos os seres, é nosso dever dar-vos graças por nos concederdes abrir com rito solene, esta fonte de salvação de vossa Igreja. Aqui se oferece um banho que torna puros, de uma candura nova, aqueles que a sordidez antiga do pecado recobrira; aqui a torrente lava os pecados e germina em virtudes novas; jorra uma fonte que emana do lado de Cristo, cujas águas matam a sede de vida eterna. Daqui, o facho da fé expande a luz, que afasta as trevas do coração e revela as coisas celestiais; aqui, os que creem se associam à morte de Cristo para ressurgirem com ele para uma vida nova[104].

A oração deixa claro que o Batismo é um banho e o batistério contempla uma fonte de onde jorra água. Essa água que jorra é uma água fecunda, que gera vida, pois nasce do lado aberto de Cristo. Jesus Cristo se serviu deste elemento natural para comunicar uma realidade mais profunda: a inserção no seu mistério de Morte e Vida. Nesse sentido, o mais indicado seria que realmente houvesse em nossos batistérios uma fonte que jorrasse água em abundância ou mesmo uma piscina onde se pudesse batizar por imersão, fazendo presente todo o simbolismo do Batismo. Aliás, o próprio termo "batismo", "batizar", significa "imergir", "submergir" e é usado, também, referindo-se à embarcação que afunda ou se faz afundar. Um trecho das catequeses mistagógicas de Cirilo de Jerusalém faz uma síntese de todo simbolismo presente no Batismo por imersão:

> Depois disto fostes conduzidos pela mão à santa piscina do divino batismo, como Cristo da cruz ao sepulcro que está à vossa frente. E cada qual foi perguntado se cria no nome do Pai e do Filho e do Espírito Santo. E fizestes a profissão salutar, e fostes imersos três vezes na água e em seguida emergistes, significando também com isto, simbolicamente, o sepultamento de três dias de Cristo. E assim como nosso Salvador passou três dias

---

**104.** RB, 2013, pp. 311-312.

e três noites no coração da terra, do mesmo modo vós, com a primeira imersão, imitastes o primeiro dia de Cristo na terra, e com a imersão, a noite. Como aquele que está na noite nada enxerga e ao contrário o que está no dia tudo enxerga na luz, assim vós na imersão, como na noite, nada enxergastes; mas na emersão, de novo vos encontrastes no dia. E no mesmo momento morrestes e nascestes. Esta água salutar tanto foi vosso sepulcro como vossa mãe. E o que Salomão disse em outras circunstâncias, sem dúvida, pode ser adaptado a vós: "Há tempo para nascer, e tempo para morrer". Mas para vós foi o inverso: tempo para morrer, e tempo para nascer. Um só tempo produziu ambos os efeitos e o vosso nascimento ocorre com vossa morte[105].

Como se pode perceber, o Batismo por imersão é a forma "ordinária" de se batizar, desde os inícios da Igreja, pois fica muito mais visível aos fiéis o que significa. Somente em casos extremos e de real necessidade, se deveria batizar por efusão. Logo após o banho batismal, pode ser realizada a celebração da Confirmação, sobretudo se o Batismo tiver sido ministrado pelo Bispo[106].

Em seguida realizam-se os Ritos complementares[107]: a entrega da veste batismal e a entrega da luz. Os neófitos, que podem ter sido batizados com uma túnica bege ou de uma cor um pouco mais escura, ou ainda com roupa comum do dia a dia, retiram-se para um local à parte para que se enxuguem e vistam roupas secas, e retornam para receber a veste batismal que poderá ser uma túnica branca. Neste momento, quem preside dirá: "N. e N., vocês nasceram de novo e se revestiram de Cristo. Recebam, portanto, a veste batismal, que devem levar sem mancha até a vida eterna, conservando a dignidade de filhos e filhas de

---

**105.** SÃO CIRILO DE JERUSALÉM, 2004, p. 34 – Segunda Catequese Mistagógica sobre o Batismo, n. 4.

**106.** RICA, n. 223; 227-228.

**107.** Se por algum motivo especial não for realizado o Sacramento da Confirmação após o Batismo, realiza-se a Unção depois do Batismo com o óleo do Santo Crisma. Cf. RICA, nn. 223-224.

Deus"[108]. Os padrinhos ou as madrinhas revestem os recém-batizados com a veste batismal no momento em que o presidente diz: "recebam, portanto, a veste batismal"[109].

A origem deste Rito remonta às palavras de Paulo aos Gálatas 3,27: "pois todos vós, que fostes batizados em Cristo, vos vestistes de Cristo". Os cristãos começaram bem cedo a expressar através de um símbolo o que se afirmava como conteúdo. Assim, depois do Batismo os neófitos vestiam uma túnica branca como sinal da nova vida recebida, da nova dignidade de pertencer ao Povo de Deus[110]. Teodoro de Mopsuéstia nos oferece o primeiro testemunho claro deste Rito, por volta da metade do séc. IV: "Mal saiu da fonte, você pôs uma bela vestimenta de um branco puro. Esse é um sinal de brilhante esplendor diante do mundo e o modo de vida a que simbolicamente você se integrou"[111]. Torna-se expressão da nova criação, do caráter nupcial da Igreja e da redenção escatológica do ser humano que passou pela transfiguração pascal (cf. Ap 7,9ss). Enfim, a "veste branca é sinal da vida da ressurreição, da qual participa o que foi batizado, e da inocência que agora deve distingui-lo. Assume um significado claramente escatológico, é sinal da ressurreição dos corpos"[112]. A veste branca era usada pelos neófitos até a oitava da páscoa, de onde vem o nome *octava in albis*. No final da oitava, o chamado domingo *in albis*, tinha lugar a *depositio albarum*, dia em que os neófitos depunham a túnica e tomavam lugar na assembleia dos fiéis. Usar a veste batismal por esse período é o sinal distintivo de seu novo nascimento perante a comunidade.

---

**108.** RICA, n. 225.
**109.** Cf. RICA, n. 225.
**110.** Cf. RICA, n. 33.
**111.** TEODORO DE MOPSUÉSTIA. Citado por: MUÑOZ, 2011, p. 64.
**112.** LELO, 2005, p. 111.

Em seguida, acontece a entrega da luz. Quem preside, toma o círio pascal, convida os padrinhos e madrinhas para que se aproximem e entreguem a luz aos que renasceram pelo Batismo. Eles acendem uma vela no círio e a entregam ao afilhado, e quem preside diz: "Deus tornou vocês luz em Cristo. Caminhem sempre como filhos da luz, para que, perseverando na fé, possam ir ao encontro do Senhor com todos os Santos no reino celeste"[113].

O símbolo da "treva e da luz" é muito comum na Sagrada Escritura, tanto no Antigo Testamento quanto no Novo (Cf. Gn 1,5; Ex 19,6ss; Sl 27,1; Is 9,1). De modo especial no Novo Testamento, encontra-se o simbolismo da luz fortemente relacionado com Cristo. "Ele era a luz verdadeira que ilumina todo homem" (Jo 1,9); "Eu sou a luz do mundo. Quem me segue não andará nas trevas, mas terá a luz da vida" (Jo 8,12). Os cristãos também foram chamados "filhos da luz" e a ser "luz do mundo" (Mt 5,14-16; Ef 5,8).

> Não é, portanto, estranho que a comunidade primitiva desse a Cristo ressuscitado o nome de "Sol da justiça", ou chamasse o dia da Páscoa da ressurreição o "dia da luz, dia do sol" (Justino). Mais ainda, ao longo do ano litúrgico há uma noite que se destaca por esse simbolismo: a Vigília Pascal. Nela o povo congregado acende o fogo novo e do fogo novo se acende o círio pascal, símbolo da ressurreição, como nova criação de todas as coisas em Cristo. Por isso se canta "Ó luz gloriosa..." [...] É justamente a Vigília Pascal o momento privilegiado para o Batismo, para a iniciação dos que seguiram o longo catecumenato. Por isso, desde antigamente começou-se a utilizar no Batismo o símbolo do círio, como símbolo da luz e da vida, da ressurreição e da iluminação pascal da qual participam os recém-batizados[114].

A vela acesa no círio pascal pelos padrinhos e entregue aos neófitos significa que toda luz procede de Cristo-luz e que essa luz deve cres-

---

**113.** RICA, n. 226.
**114.** BOROBIO, 2009, p. 183.

cer sem se apagar. "Em Cristo, os batizados são 'a luz do mundo' (Mt 5,14)"[115]. O simbolismo da luz que dissipa as trevas fez com que nos primeiros tempos o Batismo fosse chamado "iluminação". Ainda, a entrega da luz refere-se às lâmpadas acesas das virgens sábias, que não podem deixar a chama se apagar (cf. Mt 25,1-13). Somos chamados a sair ao encontro do Senhor, que vem, com lâmpadas acesas, recordando a vigilância e a espera do Reino.

O Batismo é, portanto, o início de uma iluminação que terá o seu ápice na luminosidade do Reino (Cf. Ap 22,5). Este sentido era bem expresso pelo costume de nossos antepassados de conservar a vela batismal e acendê-la nos momentos mais significativos da vida cristã: os batizados, quando criança, acendiam novamente sua vela batismal na primeira Eucaristia e Crisma; mais tarde, acendiam no dia do matrimônio[116] ou nas ordenações em seus três graus; e, ainda, quando iriam receber o sacramento da Unção dos Enfermos. A vela acesa ia se consumindo aos poucos, a cada etapa, símbolo de nossa vida cristã consumida por Cristo, e por fim apagava-se definitivamente no dia da Páscoa do batizado, quando este era velado[117] e sepultado com a vela batismal nas mãos, símbolo e testemunha de uma vida consumida pela fé no Cristo.

Com a entrega da luz, conclui-se o Rito batismal, em que todos os seus ritos e símbolos revelam que o Batismo "é mistério cósmico de nova criação e de nova vida, de destruição do pecado e morte, para vir à luz uma nova criatura; de libertação da escravidão do demônio, para servir a Deus no culto; é mistério de santificação, de dom do Espírito Santo, de dedicação pessoal ao Pai, ao Filho e ao Espírito Santo"[118].

---

**115.** CIC, n. 1243.

**116.** Acredita-se que antes do costume de as noivas entrarem carregando buquê de flores e terço, os primeiros cristãos carregavam suas velas batismais acesas.

**117.** Daí a expressão "velar o defunto".

**118.** MUÑOZ, 2011, pp. 60-61.

É fundamental compreender a importância da veracidade dos Ritos para que, com os símbolos neles comportados, revelem e comuniquem o que significam. Não se pode simplesmente "fazer de conta" que ungiu, que mergulhou, que revestiu. É preciso fazer o Rito mesmo, ungir com abundância de óleo, para que o eleito se sinta de fato ungido. Faz-se necessário o mergulho, para que o eleito sinta a morte e a vida gerada pela água, sinta-se lavado no sangue e água saídos do lado aberto de Cristo, que seja revestido com uma veste diferente daquela com a qual entrou, que carregue uma veste nova, limpa após o banho. Que os participantes da celebração vejam e ouçam o que se está fazendo e dizendo. Enfim, só assim toda dinâmica simbólico-ritual fará sentido para os presentes e iniciará nos mistérios os que deles participam.

### 3.1.2 Celebração da Confirmação

Após o banho batismal ou ao término dos Ritos complementares do Batismo, realizam-se os Ritos da Confirmação[119], que poderá ser no presbitério ou no próprio batistério (entre os dois Ritos poderá ser entoado um cântico). Quem preside, após dirigir breves palavras aos neófitos sobre a Confirmação, une as mãos e convida a todos a rezarem para que Deus envie seu Santo Espírito sobre os confirmandos e, depois de um tempo rezando em silêncio[120], impõe as mãos sobre eles dizendo:

> Deus todo-poderoso, Pai de nosso Senhor Jesus Cristo, que, pela água e pelo Espírito Santo, fizestes renascer estes vossos servos e servas, libertando-os do pecado, enviai-lhes o Espírito Santo Paráclito; dai-lhes, Senhor, o espírito de sabedoria e inteligência, o espírito de conselho e fortaleza, o espírito de ciência e piedade e enchei-os do espírito de vosso temor. Por Cristo, nosso Senhor[121].

Os confirmandos se aproximam de quem preside com o seu padrinho ou madrinha, que, colocando a mão direita sobre o ombro do afilhado, apresenta-o dizendo o seu nome. Quem preside, tendo mergulhado o dedo polegar no santo crisma, marca com o óleo o sinal da cruz na fronte do confirmando, dizendo: "N., recebe, por este sinal, o Espírito Santo, o dom de Deus"; o confirmado responde "Amém"; quem preside lhe deseja a paz: "A paz esteja contigo" e o confirmado responde: "E contigo também"[122].

Como visto, a sequência dos ritos consta de duas importantes partes: a imposição das mãos e a unção que confere o sacramento da Confirmação. Diz a introdução do Rito da confirmação: "A imposição das mãos,

---

**119.** Cf. RICA, n. 34.
**120.** Cf. RICA, n. 227-229.
**121.** RICA, n. 230.
**122.** Cf. RICA, n. 231.

feita sobre os confirmandos simultaneamente com a oração a Deus todo-poderoso, embora não seja indispensável para a válida administração do sacramento, deve ser considerada de grande importância para a integridade do rito e mais perfeita compreensão do sacramento"[123].

A imposição das mãos é um sinal tradicional na Sagrada Escritura[124] e pode ter diversos significados: posse de algo, transmissão de força, poder ou bênção. Coppens afirma que "A imposição das mãos é um rito antiquíssimo de bênção e consagração que expressa a tomada de posse, por parte de Deus, de uma pessoa ou de uma coisa, e pela qual fica cheia do Espírito Santo"[125]. Assim, "pela imposição das mãos, feita sobre os confirmandos pelo bispo e os sacerdotes concelebrantes, reproduz-se o gesto bíblico de invocar o dom do Espírito Santo, numa forma adequada à compreensão do povo Cristão"[126]. A imposição das mãos é acompanhada de uma exortação que pede que o Espírito Santo fortaleça com seus dons os confirmandos, consagre-os com a sua unção espiritual e os faça imagem perfeita de Cristo, a fim de darem testemunho Dele para edificação do seu corpo na fé e na caridade.

Com o segundo gesto, traçar o sinal da cruz com o óleo do crisma na fronte do confirmandos, recorda-se o primeiro gesto de assinalação feito na admissão ao catecumenato. Aqui, a assinalação alcança sua perfeição com o crisma do Espírito Santo. O gesto central no sacramento da Confirmação é a unção com o óleo consagrado na fronte, significando a doação do Espírito Santo como força para dar testemunho de Cristo na vida.

Crisma é uma palavra grega e denomina um unguento aromático, mistura de azeite e bálsamo, com o qual se unge ou se massageia. Vem do verbo *chrío* (ungir), que deu origem ao termo *Christós* (o Ungido),

---

**123.** PR, 2000, n. 9.

**124.** Cf. Gn 48,14-16; Lv 9,22; Nm 27,18-23; Dt 34,9; Mt 19,13-15; Mc 10,13-16; Lc 4,40; At 9,17.

**125.** COPPENS, Citado por: ALDAZÁBAL, 2005, p. 114.

**126.** PR, 2000, n. 9.

o mesmo que "Messias" em hebraico. O óleo do crisma é consagrado pelo bispo na Missa do Crisma na manhã da quinta-feira da semana santa[127]. Na unção com o crisma, recebemos o Espírito com um dom indelével que nos marca. A oração com que o bispo consagra o crisma expressa bem seu simbolismo e sua eficácia. Vejamos o que diz Russo sobre a estrutura da oração:

> A oração tem uma clara estrutura trinitária. Dirigida a Deus Pai, faz-se na primeira parte uma *anamnesis* da obra divina da criação e dos principais acontecimentos da história da salvação em relação com o óleo, fruto da oliveira: criação, dilúvio, unção de Aarão e unção de Jesus. Na parte central, a *epiclética*, invoca-se o Espírito Santo sobre o óleo para que este receba a bênção e se transforme no crisma, partícipe da força de Cristo. A parte epiclética começa com uma invocação ao Pai para que, pelo poder de Cristo, infunda a força do Espírito Santo no óleo e no bálsamo, e assim possa ser crisma, isto é, instrumento de participação com o Ungido, tal como se manifesta nos sacerdotes, nos reis, nos profetas e nos mártires[128].

Vale, portanto, citar parte da *epiclese* da oração de consagração do crisma:

> ...santifiqueis este óleo com a vossa bênção. Infundi-lhe a força do Espírito Santo, pelo poder de vosso Cristo, que deu o seu nome ao santo crisma, [...] Fazei que este óleo do crisma seja sacramento da perfeita salvação e vida para os que vão ser renovados nas águas do Batismo. [...] Para os que renascerem da água e do Espírito, seja crisma de salvação fazendo-os participantes da vida eterna e herdeiros da glória celeste[129].

---

127. "A Missa do Crisma, presidida pelo bispo na Quinta-feira Santa ou em algum outro dia previamente estabelecido, próximo da Páscoa. Essa Missa do Crisma tem por fim expressar a unidade eclesial da diocese em torno de seu bispo. Mas pretende também salientar outro aspecto: os sacramentos brotam da Páscoa. A Páscoa quer constituir-se em novidade a cada ano: tudo começa de novo. Por isso, consagram-se ou se abençoam o crisma e os vários óleos, para a celebração sacramental de toda a diocese". ALDAZÁBAL, 2005, p. 97.

128. RUSSO. In CELAM, 2011, pp. 87-88.

129. PR. Bênção dos óleos e consagração do crisma. São Paulo: Paulus, 2000. n. 25.

O sentido simbólico da unção na Confirmação está voltado para a consagração e a incorporação a Cristo e a sua Igreja. O significado da unção atinge seu auge na pessoa e na obra de Jesus Cristo, ungido de Deus, de cuja dignidade sacerdotal, profética e real a unção com o crisma leva os fiéis a participar.

Com a celebração do Sacramento da Confirmação, o cristão é plenamente inserido no Cristo ressuscitado. O óleo sela esse dom, torna-o visível. Vale recordar ainda o bom perfume que exala do óleo; com ele, o cristão é chamado a ser, pelo bom odor das boas obras, testemunha da verdade e ainda "para Deus o bom odor de Cristo" (2Cor 2,15). Na Vigília Pascal, após os Ritos do Batismo e da Confirmação, toda a assembleia, de pé e com as velas acesas, renova as promessas batismais e é aspergida com água recordando o Batismo, enquanto se entoa um hino ou salmo. Neste momento, os neobatizados são conduzidos ao seu lugar entre os fiéis. Terminada a aspersão, omitido o Creio, segue-se a oração universal, da qual os neófitos participam pela primeira vez.

### 3.1.3 Celebração da Eucaristia

Por fim, dá-se início aos Ritos da liturgia Eucarística, em que os neófitos participarão da grande prece da aliança e, pela primeira vez, se aproximarão da mesa do Senhor, comungando do seu corpo e sangue[130].

A participação na morte e ressurreição do Senhor e o dom do Espírito integram o neófito no povo sacerdotal, que oferece o sacrifício de Cristo. Assim, os neófitos, com os olhos iluminados pela fé, incorporados à comunidade eclesial, pela primeira vez, reproduzem o único sacrifício, que de agora em diante será o seu. Sobre isso, padre Lelo escreve:

---

130. Cf. RICA, n. 36.

> O mistério pascal é o eixo da vida sacramental apresentado no Batismo como configuração a Cristo e na Eucaristia como participação no memorial eficaz da paixão-ressurreição-ascensão de Cristo. Aqueles que foram justificados pela cruz de Cristo, e por isso foram regenerados e receberam o selo espiritual para o aperfeiçoamento, unem-se à Igreja, estão capacitados para participar nos últimos e mais nobres mistérios. O povo sacerdotal – a Igreja reunida – acolhe os neófitos para oferecer o único sacrifício da Igreja, que, unidos a Cristo, serão ao mesmo tempo oferta e vítima[131].

Assim, é fundamental entender, mesmo que brevemente, a estrutura e dinâmica deste momento MEMORIAL de oferecer ao Pai o único e perfeito sacrifício e de receber o "Pão que alimenta e que dá vida, e o Vinho que nos salva e dá coragem"[132]. Os textos bíblicos que relatam a instituição da Eucaristia narram que Jesus, na última ceia, fez três gestos: tomou o pão e o cálice com vinho; pronunciou a bênção; partiu o pão e o distribuiu aos apóstolos e passou o cálice para que dele bebessem. Assim, podemos fazer um paralelo entre a última ceia de Jesus e a estrutura da liturgia eucarística:

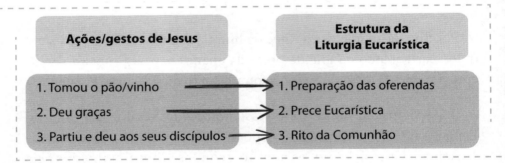

Vejamos, de maneira bem sintética, cada um destes três gestos dentro da celebração da Eucaristia: a preparação das oferendas, ou preparação dos dons, é o momento em que o altar, ou a mesa do Senhor, é preparado, exprimindo que ali é o centro de toda a liturgia eucarística

---

131. LELO, 2005, p. 116.
132. MR, 1992, p. 497.

e a ele deve ser dirigida toda a atenção da assembleia. É conveniente que se faça uma procissão a partir do fundo da igreja com os dons do pão e do vinho, que serão levados por alguns dos neófitos[133]. "No início da liturgia eucarística são levadas ao altar as oferendas que se converterão no Corpo e Sangue de Cristo"[134]. A procissão que antecede a prece eucarística não é ofertório, mas sim a sua preparação. Portanto, levam-se até ao altar o pão e o vinho que serão consagrados. O valor desse rito é mais funcional do que central. Não é o momento culminante da celebração, mas preparação necessária para tal momento, pois não oferecemos a Deus pão e vinho, mas sim o corpo e o sangue de Cristo como memorial da presença do sacrifício redentor ao qual se une o sacrifício da Igreja.

Vale frisar que se leva aquilo que será utilizado no ofertório. Não há sentido levar na procissão das oferendas aquele pão bonito comprado na padaria e nem aquela jarra, em que muitas vezes se coloca suco de uva artificial, para imitar o vinho. Para que levar isto, se não terão utilidade dentro da missa? Enfeite? Não! Tudo deve ser verdadeiro e ter uma utilidade para o rito.

| Elementos estruturais da oração de ação de graças: | Prefácio |
| | Aclamação ou Sanctus |
| | Primeira epiclese |
| | Relato da Instituição |
| | Anamneses ou memorial |
| | Ofertório |
| | Intercessões e a recordação dos santos |
| | Doxologia final[135] |

---

**133.** Cf. RICA, n. 232.

**134.** IGMR, n. 49.

**135.** BOROBIO, 2009, pp. 258-260.

A Oração Eucarística, ou Cânon ou ainda Anáfora como é conhecida na grande tradição Litúrgica do Oriente, é uma grande oração de Aliança por ter uma estrutura semelhante aos tratados de aliança do Oriente Médio antigo e que serviram de inspiração para os textos bíblicos da aliança entre Deus e seu povo. Como todo tratado, supõe dois parceiros, duas partes, neste caso: Deus e o seu povo. Neste tratado é selado um pacto, um contrato do qual emanam deveres e direitos de ambas as partes. Porém, na relação homem e Deus, a humanidade não pode fazer exigências e nem apresentar méritos diante de Deus. O discurso de aliança, da parte do homem, só pode ser recordação da misericórdia divina e súplica humilde e confiante nas promessas da aliança. Neste sentido, o homem inicia o discurso recordando os grandes feitos de Deus em favor de seu povo, sua fidelidade diante das infidelidades humanas e, recordando-os, louva, bendiz, dá graças a Deus por tanta bondade e misericórdia (Prefácio).

O Prefácio é encerrado com o convite para entoar o Santo. Sobre seu sentido, Taborda afirma:

> Na impossibilidade de louvar a Deus como convém, a assembleia eucarística se une aos "profissionais" do louvor divino, aqueles que estão diante dele, face a face, louvando-o constantemente: os anjos e os santos. E convém recordar que santos são todos os que morreram na paz de Cristo; não apenas aqueles que a Igreja reconheceu como tais; e também estão incluídos aqueles que jamais tiveram oportunidade de assumir publicamente a opção cristã, mas viveram, de acordo com sua consciência, uma fé que só Deus conheceu (cf. OE IV). Na ação de graças se unem, pois, as duas assembleias: a da terra e a do céu num louvor unânime[136].

Baseado na sempre renovada fidelidade de Deus, ousa ainda apresentar-lhe súplicas. Como ponto central suplica o Espírito Santo sobre as Espécies Eucarísticas (Epiclese de consagração). Em seguida quem preside repete as palavras e os gestos de Jesus na última ceia. Torna-se presente,

---

**136.** TABORDA, 2009, p. 189-190.

dessa maneira, o sacrifício que o próprio Cristo instituiu, ao oferecer seu corpo e seu sangue sob os sinais do pão e do vinho.

> Para reforçar o pedido, o orante pode usar de um artifício literário: referir a atuação salvífica ou a promessa divina, em que se baseia sua súplica, citando o próprio texto bíblico, a Palavra de Deus. Do ponto de vista literário a citação é um embolismo (do grego *tòémbolon* = enxerto); do ponto de vista teológico, é o lugar teológico-escriturístico que dá força e fundamento ao pedido. A súplica não provém de uma opção arbitrária do orante, mas está no dinamismo da aliança: o pedido é motivado e garantido pela promessa de Deus[137].

Com o anúncio de "tudo isso é mistério da fé!"[138], dito pelo presidente, a assembleia é convidada a louvar o mistério da redenção que se atualiza no pão e no vinho consagrados. "Anunciamos, Senhor, a vossa morte e proclamamos a vossa ressurreição. Vinde, Senhor Jesus!"[139] trata-se de uma aclamação memorial. Esta é uma das três fórmulas propostas pelo missal, e que foi reintroduzida pela reforma litúrgica ordenada pelo Concílio Ecumênico Vaticano II, cuja fonte é 1Cor 11, 26. Anunciamos a Morte do Senhor! Senhor é um título divino dado a Jesus depois da Ressurreição, e por isso "Proclamamos a Ressurreição!" O mistério da fé não é só acreditar que Jesus está presente nas espécies Eucarísticas, é muito mais que isso, é a certeza de que Deus enviou seu Filho ao mundo, que se encarnou no seio de uma mulher, fez-se homem, morreu e ressuscitou para nos salvar e vai voltar em sua glória. Celebrar a Eucaristia não é recordar a última ceia, é estar hoje aos pés da cruz e no jardim da ressurreição. É fazer memória, atualizar o único e eterno sacrifício.

---

137. TABORDA, 2009, p. 186-187.

138. MR, 1992, p. 497.

139. MR, 1992, p. 479.

Não por uma razão arbitrária qualquer, mas baseada na ordem de Cristo a assembleia litúrgica ousa pedir ao Pai o envio do Espírito sobre os dons. A ordem de Jesus é concretamente fazer isto (o sinal do pão e do vinho) como memorial do mistério pascal de Cristo, sua morte e ressurreição. Por isso, o relato institucional atrai para junto de si a anamnese, com o oferecimento do memorial ao Pai. Relato e anamnese não se podem separar, porque esta simplesmente retoma aquele em pauta declaratória e ofertorial. Não só fazemos o memorial da morte e ressurreição do Senhor, mas o oferecemos ao Pai, seguindo a ordem de Jesus. Por isso, a anamnese está geralmente expressa, na tradição litúrgica mais antiga, numa frase secundária participial que afirma estarmos fazendo memória do mistério pascal, e numa frase principal oferecendo ao Pai o memorial que se está realizando: "Recordando, pois, a morte e ressurreição de vosso Filho, nós vos oferecemos, ó Pai, o pão da vida e o cálice da salvação" (OE II)[140].

É este o verdadeiro momento do ofertório. Oferecemos a Deus não um sacrifício novo, nem distinto, mas o mesmo sacrifício de Cristo que se atualiza no memorial. A epiclese sobre os dons, antes do relato da instituição, constitui uma unidade lógica com a epiclese sobre os comungantes, em que se suplica o envio do Espírito para fazer da comunidade reunida o corpo eclesial de Cristo. A súplica sobre os comungantes se prolonga e se explicita nas intercessões. Enquanto a súplica sobre os comungantes tinha presente apenas aqueles que agora participam da Eucaristia, as intercessões estendem o pedido pela unidade do corpo eclesial de Cristo a todos os demais segmentos da Igreja (a Igreja hierárquica, a Igreja no mundo, a Igreja dos santos, a Igreja dos defuntos...) e as quais convergem na grande aclamação de toda a assembleia: o "amém" como parte da grande doxologia. A doxologia é de quem preside, e o amém, uma aclamação de todos os fiéis celebrantes.

Durante as intercessões neste dia são mencionados nas orações os padrinhos e neófitos: "Lembrai-vos, ó Pai, dos vossos filhos e filhas (*di-*

---

**140.** TABORDA, 2009, p. 191.

*zem os nomes dos padrinhos e das madrinhas*) que apresentaram vossos escolhidos à graça do Batismo. Lembrai-vos também de todos os que circundam este altar..."; "Recebei, ó Pai, com bondade, a oferenda dos vossos servos e de toda a vossa família. Nós a oferecemos também por aqueles que fizestes renascer pela água e o Espírito Santo, dando-lhes a remissão de todos os pecados, a fim de que os encontreis em nosso Senhor Jesus Cristo, e seus nomes sejam inscritos no livro da vida..."[141]

Nessa grande dinâmica da Prece Eucarística, temos, portanto, primeiramente, um discurso ascendente: nós (celebrantes) falamos a Deus pela boca do presidente através da Oração Eucarística; Deus, que escuta os louvores e clamores do seu povo, numa resposta descendente nos dá o "Pão do Céu"; e nós, celebrantes (fiéis), somos boca que recebe o Corpo e Sangue de Cristo (comunhão sacramental). Dinâmica que pode ser mais bem visualizada pelo esquema que Cesare Giraudo apresenta[142]:

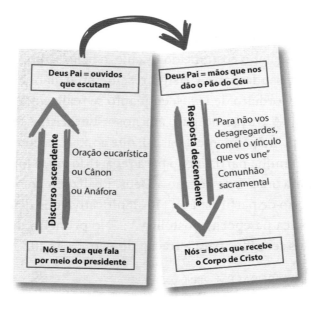

---

**141.** As intercessões correspondem à oração eucarística I. No RICA encontra-se o formulário para as demais orações. Cf. RICA, n. 233; 391.
**142.** GIRAUDO, 2003, p. 55.

Com a oração do Pai-nosso, dá-se início ao Rito da comunhão, quando os neófitos, constituídos Filhos de Deus, são convidados a recitar a Oração do Senhor em torno do altar. Ao redor da mesa do Senhor, a assembleia reunida manifesta sua total pertença ao Pai, como fez o Filho, a quem se unirá em comunhão. Assim explicita Cirilo de Jerusalém no início de sua explicação sobre o Pai-nosso:

> Tu dizes aquela oração que o Salvador transmitiu aos discípulos, atribuindo a Deus, com pura consciência, o nome de Pai e dizes: "Pai nosso, que estás nos céus". Ó incomensurável benignidade de Deus! Aos que o tinham abandonado e jaziam em extremos males, é concedido o perdão dos males e a participação da graça, a ponto de ser invocado como Pai. Pai nosso que estás nos céus. Os céus poderiam bem ser os que portam a imagem do celestial, nos quais Deus habita e vive[143].

Em seguida, por meio da oração de quem preside, implora-se a paz e a unidade para a Igreja e para toda a humanidade. Num gesto significativo da fraternidade, no Rito da paz, os fiéis se saúdam. Aqui, deveríamos resgatar o costume do Ósculo, o beijo santo, com o qual reconhecemos e saudamos o Cristo presente no irmão. Enfim, é entoado o hino do Cordeiro de Deus, enquanto se realizam a fração do pão e a imissão[144]. A fração do pão, em nossa Eucaristia, tem origem na ceia judaica, principalmente a pascal, que começava com um pequeno rito: o pai de família partia o pão para reparti-lo entre todos, enquanto começava uma oração de bênção a Deus. Realizado por Cristo na última ceia, o gesto de partir o pão é tão significativo que deu nome a toda ação eucarística na época apostólica[145]: "No primeiro dia da semana, estando todos reunidos para a fração do pão..." (At 20,7)[146].

---

**143.** CIRILO DE JERUSALÉM, 2004, p. 50.

**144.** Rito de imissão: "O sacerdote deixa cair uma parte do pão partido no cálice; com isso simboliza que a unidade da Igreja universal se realiza na celebração da única eucaristia". D'ANNIBALE. In. CELAM, 2011, p. 156.

**145.** Cf. IGMR 56c.

**146.** Cf. At 2,42.46; 20,11.

O gesto reproduz a ação de Cristo na última ceia e significa que, pela comunhão de um mesmo pão de vida, que é Cristo, nós, sendo muitos, nos tornamos um único corpo (cf. 1Cor 10,17). Essa é a razão pela qual esse gesto não deve ser feito durante a consagração do pão, mas reservado para este momento da sua fração. Partir e compartilhar Cristo é sinal de amor e caridade. Em virtude do sinal, convém que o presidente possa de fato partir o pão em várias partes e distribuí-lo ao máximo de fiéis possível[147]. "Eles o reconheceram ao partir o pão" (Cf. Lc 24,13-35). Este gesto fez com que os discípulos de Emaús reconhecessem o Ressuscitado. Vale lembrar o que a Instrução Geral do Missal Romano diz sobre o pão: "A verdade do sinal exige que a matéria da Celebração eucarística pareça realmente um alimento"[148]. Sim, alimento! "O gesto sacramental mais importante da comunidade cristã é o comer e beber. Não é de se admirar que Cristo o tenha escolhido como o melhor símbolo da salvação que nos quer comunicar: que comamos pão e bebamos vinho juntos, com a convicção de que, por meio deles, ele se nos dá a si próprio"[149].

Em diversas religiões, encontram-se comidas sagradas, mas em nenhuma delas dá-se tanta ênfase ao comer e beber como no cristianismo. Na Bíblia, há 400 passagens com referência ao pão e 443, ao vinho. Encontramos um forte simbolismo no pão e no vinho, no comer e no beber. É um simbolismo antes de tudo humano. Cristo os escolhe por sua eficácia expressiva e acessível em nível antropológico. Primeiro, por ser um alimento; a comida é fonte de vida, todos precisam se alimentar para sobreviver; com isso, Jesus enfatiza que Ele é o nosso verdadeiro alimento, que só podemos viver se o comermos e o bebermos. Além disso, fazem-nos ver a relação do homem com a natureza; são elementos da terra, dom da criação. A esse dom da terra, acrescentam-se o esforço e o trabalho do homem. Recordemos as palavras ditas por quem preside durante a preparação da mesa: "Bendito sejais, Senhor Deus do

147. IGMR, n. 283.
148. IGMR, n. 283.
149. ALDAZÁBAL, 2005, p. 219.

universo, pelo pão que recebemos de vossa bondade, fruto da terra e do trabalho humano...", "Bendito sejais, Senhor, Deus do universo, pelo vinho que recebemos de vossa bondade, fruto da videira e do trabalho humano..."[150]. E, ainda, uma conotação evidente de unidade e amizade, que gera felicidade: comer em grupo, com amigos, família, sempre foi um gesto simbólico expressivo de solidariedade, amizade, pois produz um ambiente de conversação, comunicação interpessoal, reconciliação.

> Por isso, muito antes se fale da Eucaristia, ou que se exija da comunidade cristã que a celebra uma fraternidade crescente, já Cristo, nas páginas do Evangelho, utiliza com frequência a linguagem dessas comidas em comum. Às vezes, senta-se à mesa em casa de amigos (Lázaro, Mateus), outras em casa de fariseus (Simão), mas também em casa dos pecadores, aos quais quer transmitir sua palavra de salvação (Zaqueu)[151].

Cristo ainda falou do grão de trigo que precisa morrer ao cair na terra para que se produza a espiga; falava de si mesmo, que morreu para nos dar a vida. "Eu sou o pão da vida" (Jo 6,35). Também a *Didaqué* faz menção ao trigo e ao pão como símbolo da unidade da comunidade: "da mesma maneira como este pão quebrado primeiro fora semeado sobre as colinas e depois recolhido para tornar-se um, assim das extremidades da terra seja unida a ti tua igreja (assembleia) em teu reino"[152]. O pão é resultado da união de muitos grãos, como o vinho de muitos cachos de uva; também assim, a Igreja resulta da reunião da diversidade de pessoas espalhadas no mundo que, reunidas, formam a comunidade eclesial.

É belíssimo recordar o paralelo entre a passagem que inicia o Antigo Testamento, no livro do Gênesis 2,17, com a proibição "não co-

---

**150.** ORDINÁRIO da Missa. *MR*, n. 19-21.

**151.** ALDAZÁBAL, 2005, p. 221.

**152.** DIDAQUÉ. In. ZILLES, 1970, p. 20.

merás", tendo como consequência a morte, e, no Novo Testamento, a nova criação redimida, o mandato "Tomai e comei" e a promessa do Evangelho: "Quem come a minha carne e bebe o meu sangue..." (Jo 6,54) tem a vida eterna. Assim, se possível, neste dia em que os neófitos participarão pela primeira vez da mesa do Senhor, utilize-se pão ázimo recém-feito; ao partilhá-lo, espera-se exprimir a veracidade do sinal. Enquanto o pão é partido, se canta o cordeiro de Deus, que poderá ser repetido quantas vezes necessárias para acompanhar a fração do pão – última vez se encerrará com as palavras "dá-nos a paz".

Antes da comunhão, quem preside poderá falar brevemente aos recém-batizados sobre a importância desse mistério, ápice da iniciação e o centro de toda a vida cristã. Convém que os neófitos, padrinhos e madrinhas, bem como toda a assembleia comunguem sob as duas espécies[153], cumprindo o mandato do Senhor: Comam do pão e bebam do cálice! ( Cf. Mt 26,26-28). Comunhão significa a união das pessoas com Cristo ou com Deus, com a comunidade eclesial, e numa perspectiva mais ampla, a comunhão dos Santos. Comunhão vem da palavra latina *communio* (ação de unir, de associar e participar), corresponde à palavra grega *koinonia*. Do ponto de vista eucarístico, "a comunhão com o corpo e o sangue do Senhor é participação no sacrifício que está sendo celebrado. Essa comunhão significa e realiza a incorporação a Cristo e a Igreja. Eis o motivo pelo qual se recomenda que os fiéis comunguem com hóstias consagradas na própria celebração"[154].

> É muito recomendável que os fiéis recebam o Corpo do Senhor em hóstias consagradas na mesma Missa e participem do cálice nos casos previstos, para que, também através dos sinais, a comunhão se manifeste mais claramente como participação no Sacrifício celebrado[155].

---

**153.** Cf. RICA, n. 234.
**154.** D'ANNIBALE. In. CELAM, 2011, p. 157.
**155.** IGMR, n. 56h.

A comunhão é a participação plena no sacrifício, e somente quem come pode dizer que participou plenamente no sacrifício, uma vez que o sacrifício foi instituído em forma de comida. "O que se anunciava na fração do pão chega a seu ponto culminante na comunhão. Sinal mais expressivo e realizador da união dos diversos membros entre si pela união de todos em Cristo Jesus"[156], Sobre o momento da comunhão, assim escreve Cirilo de Jerusalém:

> Ao te aproximares [da comunhão], não vás com as palmas das mãos estendidas, nem com os dedos separados; mas faze com a mão esquerda um trono para a direita como quem deve receber um Rei e no côncavo da mão espalmada recebe o corpo de Cristo, dizendo: "Amém". Com segurança, então, santificando teus olhos pelo contato do corpo sagrado, toma-o e cuida de nada se perder. Pois se algo perderes é como se tivesses perdido um dos próprios membros. Dize-me, se alguém te oferecesse lâminas de ouro, não as guardarias com toda segurança, cuidando que nada delas se perdesse e fosses prejudicado? Não cuidarás, pois, com muito mais segurança de um objeto mais precioso que ouro e pedras preciosas, para dele não perderes uma migalha sequer?
>
> Depois de teres comungado o corpo de Cristo, aproxima-te também do cálice do seu sangue. Não estendas as mãos, mas inclinando-te, e num gesto de adoração e respeito, dize "amém". Santifica-te também tomando o sangue de Cristo[157].

A Eucaristia é, portanto, Memorial da morte e ressurreição do Senhor sob o sinal do pão e do vinho dados em refeição, em ação de graças e súplica, que, recebido pelos fiéis, "converte-se na expressão mais privilegiada, autêntica, concreta e visível da comunidade interna da Igreja com Cristo e, ao mesmo tempo, vem a ser o lugar mais eficaz e realizador de tal unidade"[158]. Os neófitos, assim, se encontrarão com Cristo na Eucaristia pela primeira vez e, no silêncio do coração, farão uma experiência mística profunda e transformadora.

---

156. BOROBIO, 2009, p. 280.
157. SÃO CIRILO DE JERUSALÉM, 2004, pp. 54-55.
158. BOROBIO, 2009, p. 281.

Cada sacramento recebido corresponde a um tempo de graça na vida dos neófitos, "uma forma de manifestação da presença do Senhor na vida do cristão, uma situação que mostra a atuação de Deus por Cristo em seu Espírito criando vida nova e chamando à novidade de vida"[159]. Com os três sacramentos da Iniciação, encerra-se mais uma etapa do processo catecumenal e inicia-se o último tempo, o da "Mistagogia", no qual os neófitos irão se aprofundar no conhecimento do Mistério celebrado, descobrindo o sentido dos ritos e símbolos experimentados na liturgia.

---

**159.** TABORDA, 2001, p. 133.

# PARTE III

# Tempo da Mistagogia

Recebidos os sacramentos na Iniciação Cristã na Vigília Pascal, ponto alto do processo iniciático, dá-se inicio o período da mistagogia, último tempo do catecumenato. No RICA, o tempo da mistagogia resgata a prática da Igreja primitiva, com as catequeses mistagógicas realizadas pelos santos padres, nas quais partiam dos Ritos sacramentais vividos pelos neófitos e da Sagrada Escritura, transmitiam-lhes os códigos para compreensão da fé vivenciada nos sacramentos da iniciação.

O termo Mistagogia, derivado da língua grega, é composto por dois conceitos: *mist* (vem de mistério) + *agogia* (tem a ver com conduzir, guiar...). Assim, pode-se traduzir mistagogia como: a ação de guiar, conduzir, para dentro do mistério, ou ainda, ação pela qual o mistério nos conduz. Etimologicamente possui o sentido de ser conduzido para o interior dos mistérios.

Por ser um momento mais catequético que litúrgico, o RICA não traça um esquema ou pedagogia específico. É um tempo especial em que a Igreja se dedica ao aprofundamento, à inteligência do mistério experimentado na vigília pascal. Esta catequese tem por objetivo estimular os neófitos a assumir uma forma de vida em conformidade com os ritos pelos quais passaram, além de animá-los a perseverarem no seguimento de Cristo, vencendo os obstáculos do caminho cristão. Padre Lelo assim descreve este período:

> A mistagogia desenvolve uma teologia a partir da riqueza do evento sacramental da iniciação, apresenta as implicações e desdobramentos que os simbolismos dos ritos e gestos e da Palavra são capazes de comunicar e expressar para a transformação da vida do fiel em Cristo e no Espírito. Essa teologia conduz-nos diretamente à espiritualidade cristã, pois estabelece novo sentido no relacionamento com o próximo na Igreja e no mundo. A teologia mistagógica da iniciação faz-nos ver até que ponto a ética cristã está fundamentada nesses sacramentos[160].

Sartore, por sua vez, distingue três elementos no método mistagógico, de grande valia ainda em nossos tempos: "A valorização dos 'sinais' (gestos, palavras) logo que experimentados; a interpretação dos ritos à luz da Bíblia, na perspectiva da história da salvação; a abertura ao compromisso cristão e eclesial, expressão da nova vida em Cristo"[161]. O RICA diz que neste tempo "obtém-se conhecimento mais complexo e frutuoso dos 'mistérios' através das novas explanações e sobretudo da experiência dos sacramentos recebidos"[162]. Engajados na comunidade progridem no conhecimento mais profundo do mistério pascal e na sua vivência cada vez maior, quer por meio da meditação do Evangelho e pela participação da Eucaristia, quer pela prática da caridade[163].

Neste tempo, ainda segundo o Ritual, devem ser assegurados os primeiros passos dos neófitos na vida cristã, com a atenção e amizade dos padrinhos e comunidade. Durante todo tempo pascal, ocupam lugar especial nas celebrações dominicais, além de serem lembrados, oportunamente, na homilia e na oração dos fiéis[164]. O RICA recomenda que seja realizada uma celebração próxima à so-

---

**160.** LELO, 2005, pp. 119-120.

**161.** SARTORE, 1992. p. 180.

**162.** RICA, n. 38.

**163.** Cf. RICA, n. 37.

**164.** Cf. RICA, n. 235-236.

lenidade de Pentecostes, encerrando este último tempo do processo catecumenal, inclusive com festividades externas, além de incentivar a comemoração do primeiro aniversário de Batismo.

## CONCLUSÃO

Como observado, todas as celebrações que constam no processo de iniciação proposto pelo RICA têm sentido e significado muito além do momento da celebração. A partir do visível, ritos e símbolos, comunica-se uma realidade invisível escondida em cada gesto, ação, palavra ou elemento. Esta comunicação é feita de forma gradativa, em que um rito ou símbolo vai "puxando" o outro. Porém, todas as celebrações, para que de fato se tornem um momento de mistagogia, devem ser bem preparadas e celebradas. Que triste seria um Rito de Batismo sem imersão! Ou um momento de entrega da veste, sem veste e sem vestir! Para existir uma catequese mistagógica é preciso, primeiro, conscientizar e iniciar aqueles que cuidam, preparam e presidem as celebrações dos sacramentos e sacramentais, para que as celebrações não sejam mero cumprimento de um rito, mas verdadeiramente celebração do mistério de Cristo, em que os sinais sensíveis atinjam os fiéis a partir da corporeidade e revelem o invisível presente.

Só assim a liturgia, com sua linguagem ritual expressa simbolicamente nas ações de Deus realizadas na história, se comunicará de maneira eficaz e revelará o seu sentido e significado preservado e repetido ao longo da história, e que nos permite "voltar" até estes acontecimentos e deles participar, deixando que transformem nossa vida. Nesse sentido, fundamenta-se a busca de uma Iniciação Cristã que eduque para uma sensibilidade simbólico-ritual, que prepare os catecúmenos e neófitos para a celebração.

# REFERÊNCIAS

ALDAZÁBAL, José. *Gestos e Símbolos*. São Paulo: Loyola, 2005.

_____. *Dicionário Elementar de Liturgia*. São Paulo: Paulinas, 2007.

AMBRÓSIO DE MILÃO. Explicação do símbolo. *Patrística*. vol. 5. São Paulo: Paulus, 1996.

ANCHIETA, Joseph. *Obras completas*, vol. 6: *Cartas*: correspondência ativa e passiva. Pesquisa, introdução e notas do Hélio Abranches Viotti. São Paulo: Loyola, 1984.

BERGER, Rupert. *Dicionário de Liturgia Pastoral*. São Paulo: Loyola, 2010.

BÍBLIA: *Bíblia de Jerusalém*. ed. rev. ampl. São Paulo: Paulus, 2002.

BOROBIO, Dionisio. *Celebrar para viver*. Liturgia e sacramentos da Igreja. São Paulo: Loyola, 2009.

BUYST, Ione. *Símbolos na liturgia*. São Paulo: Paulinas, 1998.

CATECISMO DA IGREJA CATÓLICA. São Paulo: Vozes/Loyola, 1993.

CELAM. *Manual de Liturgia*. Os sacramentos: sinais do mistério pascal. 2. ed. São Paulo: Paulus, 2011. Vol. III.

CÓDIGO DE DIREITO CANÔNICO (Codex Iuris Canonici), promulgado por João Paulo II. São Paulo: Loyola, 1994.

D'ANNIBALE, Miguel Ángel. A Celebração Eucarística. In: *Manual de Liturgia*. Os sacramentos: sinais do mistério pascal. 2. ed. São Paulo: Paulus, 2011. Vol. III.

DA VIDE, Dom Sebastião Monteiro. *Constituições Primeiras do Arcebispado da Bahia*. São Paulo: Typographia 2 de dezembro de Antônio Louzada Antunes, 1857.

GIRAUDO, Cesare. *Num Só Corpo*. Tratado mistagógico sobre a Eucaristia. São Paulo: Loyola, 2003.

HIPÓLITO DE ROMA. *Tradição Apostólica de Hipólito de Roma*. Liturgia e catequese no século III. 2. ed. Petrópolis: Vozes, 2004.

LECIONÁRIO DOMINICAL A-B-C. Tradução portuguesa da 2ª. edição típica para o Brasil e publicada pela Conferência Nacional dos Bispos do Brasil e aprovada pela Sé Apostólica. São Paulo: Paulinas/Paulus, 1994.

LELO, Antonio Francisco. *A Iniciação Cristã*. Catecumenato, dinâmica sacramental e testemunho. São Paulo: Paulinas, 2005.

MIRA, João Manuel Lima. *A evangelização do negro no período colonial brasileiro*. São Paulo: Loyola, 1983.

MUÑOZ, Héctor, O.P. O Batismo. In: CELAM. *Manual de Liturgia*. A celebração do mistério pascal – Os sacramentos: sinais do mistério pascal. 2. ed. São Paulo: Paulus, 2011. Vol. III.

NOCENT, Adrien osb. Iniciação Cristã. In: SARTORA, Domenico; TRIACCA, Achille M. (org.). *Dicionário de Liturgia*. São Paulo: Paulus, 1992.

PARO, Thiago Faccini. *O caminho*. Petrópolis: Vozes, 2015.

PEDROSA, V.M.; NAVARRO, M.; LÁZARO, R.; SARTRE, J. *Dicionário de Catequética*. São Paulo: Paulus, 2004.

ROCCHETTA, C. *Os Sacramentos da Fé*. São Paulo: Paulinas, 1991.

RUSSO, Roberto. Confirmação. In: CELAM. *Manual de Liturgia*. A celebração do mistério pascal – Os sacramentos: sinais do mistério pascal. 2. ed. São Paulo: Paulus, 2011.

SAGRADA CONGREGAÇÃO PARA O CULTO DIVINO. *Ritual de Bênçãos*. 9 ed. São Paulo: Paulus, 2013.

_____. *Ritual de Iniciação Cristã de Adultos*. Tradução portuguesa para o Brasil da edição típica. São Paulo: Paulus, 2001.

_____. *Pontifical Romano*. São Paulo: Paulus, 2000.

_____. *Ritual do Batismo de Crianças*. São Paulo: Paulus, 1999.

_____. *Ritual do Batismo de Crianças*. Ritual para o Batismo de uma só criança. São Paulo: Paulus, 1999.

_____. Instrução geral sobre o Missal Romano (IGMR). In: _____. *Missal Romano*. Tradução portuguesa da 2ª edição típica para o Brasil realizada e publicada pela Conferencia Nacional dos Bispos do Brasil com acréscimos aprovados pela Sé Apostólica. São Paulo: Paulus, 1992, p. 25-125.

SÃO CIRILO DE JERUSALÉM. *Catequeses Mistagógicas*. Petrópolis: Vozes, 2004.

SARTORE, Domenico. TRIACCA, Achille M. (org.). *Dicionário de Liturgia*. São Paulo: Paulus, 1992.

TABORDA, *O Memorial da Páscoa do Senhor*. Ensaios litúrgicos-teológicos sobre a Eucaristia. São Paulo: Loyola, 2009.

_____. Francisco. *Nas fontes da Vida Cristã*. Uma teologia do batismo-crisma. São Paulo: Loyola, 2001.

VIEIRA, António. *Obra completa*. Direção José Eduardo Franco e Pedro Calafate. Tomo II: *Parenética*. Vol. VIII e IX: *Sermões do Rosário*. Maria Rosa Mística I e II. São Paulo: Loyola, 2015.

ZILLES, Urbano. *Didaqué*. Petropolis: Vozes, 1970.

# Anotações

# Anotações

# Anotações

# Anotações

# Anotações

Conecte-se conosco:

- facebook.com/editoravozes
- @editoravozes
- @editora_vozes
- youtube.com/editoravozes
- +55 24 2233-9033

www.vozes.com.br

Conheça nossas lojas:
www.livrariavozes.com.br

Belo Horizonte – Brasília – Campinas – Cuiabá – Curitiba
Fortaleza – Juiz de Fora – Petrópolis – Recife – São Paulo

EDITORA VOZES LTDA.
Rua Frei Luís, 100 – Centro – Cep 25689-900 – Petrópolis, RJ
Tel.: (24) 2233-9000 – E-mail: vendas@vozes.com.br